La Mujer Fascinante

Edición Vintage

LA MUJER FASCINANTE

Edición Vintage

La meta más alta en el matrimonio para una mujer es ser amada y querida. Este libro fue escrito para que puedas volver a creer en esta meta, y para sugerir principios que debes seguir para ganar el amor genuino de un hombre.

Hecho en los Estados Unidos de América

Tercera reimpresión, 2017

ISBN: 978-1-946032-18-8

Fascinating Womanhood

PO BOX 3831

Springfield, MO 65808

Autora: Helen B. Andelin

Editado por Dixie Andelin Forsyth

Traducido por Billie Ariel

www.fascinatingwomanhood.com

Índice de Contenidos

Introducción a la Mujer Fascinante

La meta más alta en el matrimonio para una mujer es ser amada y querida. Este libro fue escrito para que puedas volver a creer en esta meta, y para sugerir principios que debes seguir para ganar el amor genuino de un hombre.

Un mar oscuro

Nunca en la historia ha habido una generación de mujeres tan desilusionada, decepcionada e infeliz en el matrimonio como en nuestros tiempos. Muchas sienten que la vida en matrimonio no les ofrece todo eso que habían soñado y esperado que sucediera, pero algunas aún mantienen la esperanza, y están a la búsqueda de respuestas.

Hay algunas mujeres que han alcanzado un nivel alto de felicidad. Pero en muchos casos, no es felicidad lo que soñaron, y ni siquiera llega a la altura de sus metas. Tienen la necesidad de una vida más rica y completa. Necesitan algo de luz y comprensión también.

Aún más oscuro

En el mar del matrimonio, oscuro y vasto, hay otras mujeres ahogadas en una oscuridad más profunda porque que creen que son felices cuando no lo son. Viven cerca de la felicidad, pero no reconocen su belleza. Se sienten satisfechas comiendo de las migajas que se caen de la mesa porque que nunca han probado el banquete; piensan que las hierbas malas son bonitas porque nunca han presenciado flores hermosas. Algunas están contentas con el infierno porque nunca han conocido el cielo.

El cielo de una mujer

¿Qué significa la felicidad en el matrimonio para una mujer? ¿Será el tener un buen hogar? ¿Niños felices y sanos? ¿Un marido exitoso? ¿El tener tiempo para practicar sus talentos? ¿No tener problemas financieros? ¿Cuando el marido y su mujer se divierten juntos? ¿Podría ser ese sentimiento de ser un ama de casa y madre exitosa? ¿Será el ser admiradas por sus colegas?

Todas estas son cosas importantes, esenciales en algunos casos, pero debe haber una que es fundamental, y es el de una mujer siendo amada y querida por su hombre. Sin éste ingrediente, las mujeres se sienten desdichadas. Puede que ella sea una persona exitosa en muchas formas, e incluso feliz hasta cierto punto, pero siempre habrá algo que falta dentro de ella. Ella no conocerá el cielo. Disfrutará hierbas malas en vez de las flores.

La respuesta

¿Habrá alguna luz que la lleve fuera de esa oscuridad, y la guíe a este cielo en la tierra? Sí hay una, y se basa en la ley fundamental.

Toda vida se gobierna por una ley. Si la mujer se destaca en el matrimonio es debido a esta ley. Si otra falla es porque no obedece a la ley. Puede que ninguna entienda esta ley. La obediencia no siempre se basa en el comprender. Pero el resultado de esta obediencia es invariablemente el éxito, y el ignorarla siempre resultará en fracaso.

Mucha felicidad innecesaria existe debido a la ignorancia de éstas leyes simples en acción. Vemos a una mujer siendo feliz, admirada, y adorada; luego vemos a otra, no menos atractiva, no menos admirable, y no menos tierna, descuidada, infeliz, y decepcionada. ¿Por qué? Éste libro te lo dice, ya que explica las leyes que deben obedecerse si ella quiere ser admirada, amada, y apreciada.

La mujer fascinante

La mujer fascinante está diseñada para enseñarte cómo ser feliz en el matrimonio. Hay tres puntos esenciales para alcanzar ésta meta.

Amor. Ya que la esquina de un matrimonio feliz es el amor romántico, aprenderás a despertar el amor de tu marido. Éstas lecciones aplican sin importar tu edad o situación. El amor no se limita a los jóvenes o a los bellos, pero le calza a aquellos que tienen las cualidades para despertarlo.

Si tu esposo no te ama, puede que estés haciendo algo para enfriar sus emociones, o tal vez perdiste algo que lograba despertar su amor. Puede que hayas iniciado el matrimonio de forma amorosa, pero el romance se está desvaneciendo. ¿Por qué? ¿Podría ser que has cambiado? Piénsalo. En la mayoría de los casos, un hombre deja de amar a una mujer después del matrimonio porque ella deja de hacer cosas que lo emociona. Cuando recuperes tu encanto, el amor puede volver a encenderse.

No es necesario que él haga o sepa algo para recuperar su amor. No digo que él no cometa errores o que no necesite mejorar, pero cuando corriges tus errores puedes ver una respuesta amorosa de parte de él. Frecuentemente, su respuesta será tan extraordinaria que superará tus expectativas. Éste es uno de los poderes de tu influencia femenina.

El arte de despertar el amor de un hombre no es un logro difícil para las mujeres porque está basado en nuestros instintos naturales. Sin embargo, en nuestra vida altamente civilizada, muchos de nuestros instintos naturales se han oxidado debido a la falta de uso o de comprensión. Sólo tienes que despertar las cualidades que pertenecen a tu naturaleza.

Tu dignidad. Tu dignidad es esencial en la felicidad dentro del matrimonio. ¿Has notado que tu esposo te habla de forma grosera, que te critica sin razón, te descuida, te impone, o que de alguna otra forma te trata mal? Lo que importa no es lo que hace, si no cómo reaccionas. ¿Te retraes como si te hubiesen dado un latigazo? ¿Te escondes? ¿Le correspondes con una respuesta cortante y sarcástica? ¿O quizás le gritas y tienes mal temperamento? Si respondes de alguna de estas maneras, puede que te causes dolor a ti misma, y al mismo tiempo debilitas el amor de tu esposo por ti.

A ningún hombre le gusta un mal temperamento, ni respeta a una mujer a la cual pueda pisotear, ni a una que se esconda mientras se autocompadece. Él quiere a una mujer con agallas--algún fuego escondido, a una mujer que no pueda tratar mal. Algunos hombres admiran pequeños volcanes, mujeres que sean adorablemente independientes y pícaras a quienes no pueden hacer sentir mal ni con la más mínima respuesta degradante.

En La mujer fascinante, el método para tratar los sentimientos heridos se le llama enojo infantil, agallas, o picardía. Te enseñará cómo tratar la a veces dura naturaleza de un hombre sin dolor ni fricción. En un instante, tú puedes convertir una crisis en una situación humorística para que tu marido tenga un impulso repentino de reír. En vez de dañar tu matrimonio, el enojo infantil puede aumentar el amor y el cariño.

Deseos. Si vas a ser feliz en tu matrimonio, tus deseos deben tomarse en consideración. Me refiero a las cosas que quieres tener, los lugares que quieres visitar, actividades que quieras realizar, o algo que quieras que hagan por ti. Con esto no me refiero a caprichos egoístas, sino a deseos ardientes. Desafortunadamente, puede que te hayas conformado con no obtener nada de esto por años porque no supiste motivar a tu esposo para que realizara estas cosas para ti.

Como consecuencia, sus sentimientos por ti probablemente han disminuido. Amamos a quien servimos. Si tu esposo nunca hace nada por ti más allá de lo que debe, puede que haya perdido el amor que te tenía. En La mujer fascinante aprenderás a obtener todo lo que necesitas y te mereces sin causar problemas maritales. Tu marido querrá hacer estas cosas por ti y te amará más por ello.

Aunque estas lecciones se enfocan en construir una relación con tu marido, estos principios aplican en construir una relación cualquier hombre--padre, hermano, hijo, profesor, estudiante, o jefe. Sin embargo, ten cuidado de no usarlos por razones egoístas, como ganarte el afecto de un hombre casado.

Estas lecciones también ayudan a la madre soltera que acarrea a una familia sin un padre presente en el hogar. Ella se convierte en la imagen femenina para los hijos, y es algo esencial para los niños que apenas desarrollan su masculinidad.

Aprenderás principios entre estas páginas que deberás seguir si quieres ser feliz, amada, y querida. Te centrarás en el estudio de la mujer ideal desde el punto de vista masculino, el tipo de mujer que despierta esos sentimientos más profundos de amor en el hombre. Puedes usarlos independientemente de cualquier esfuerzo de parte de tu hombre. Así que tú eres la dueña de las llaves hacia tu felicidad.

Logrando esto, no pierdes nada de tu dignidad, influencia, o libertad, sino que las ganas. Sólo así puedes jugar tu papel vital en el mundo. El papel de una mujer, cuando se vive correctamente, es pleno, fascinante, y lleno de intriga. Nunca habrá un momento aburrido. La práctica en el arte de ser mujer se disfruta, y está lleno de recompensas ricas, bastantes sorpresas, y felicidad sin fin. Muchos años de experiencia enseñando a miles de mujeres han probado la veracidad de esto.

Lo que este libro hará por ti…

Te enseñará:

- La mujer ideal desde el punto de vista masculino
- Lo que los hombres creen que es fascinante sobre las mujeres
- Cómo despertar los deseos de amor y cariño más profundos en un hombre
- Cómo entender a los hombres, sus necesidades, temperamento, y características.
- Cómo tratar a un hombre que se encuentra deprimido para construir la seguridad y respeto en sí mismo.
- Cómo hacer que un hombre quiera protegerte, proveer para ti, y dedicarse a ti.
- Cómo obtener esas cosas en la vida que significan tanto, cosas que mereces tener.
- Cómo sacar a relucir lo mejor de tu marido sin presionarlo o persuadirlo.
- Tu rol femenino más importante, y la felicidad que llega al actuarlo.
- El rol masculino, y el respeto que se debe a él.
- Cómo reaccionar cuando un hombre es egoísta, injusto, o negligente.

- Cómo ser atractiva e incluso adorable cuando estás enojada.
- Cómo mantener una vía de comunicación abierta en tu matrimonio para que siempre haya un buen ambiente.
- Cómo obtener la felicidad verdadera en tu matrimonio mientras mantienes la felicidad de tu marido como tu prioridad.

Nota. Las historias de éxito que aparecen en este libro son todas verdaderas, y vinieron a mí mediante cartas o conversaciones directas con la persona en cuestión. De igual forma, todas las ilustraciones y ejemplos son tomados de experiencias reales, exceptuando aquellas que vengan de literatura clásica.

El éxito fenomenal de La mujer fascinante

Desde su primera impresión en 1965, se han vendido millones de copias de este libro a través del mundo. Su éxito, sin embargo, no se mide por el número de copias vendidas, sino por las vidas que ha cambiado. El impacto que ha tenido en matrimonios ha sido fenomenal. Los que ya eran felices han adquirido un tipo de felicidad nueva, y aquellos en problemas han sido rescatados, renovados, y bendecidos con esta misma felicidad nueva. El éxito se aprecia en los miles de testimonios, algunos de los cuales han sido incluidos en este libro.

A través de La mujer fascinante, hay esperanza de una nueva generación de mujeres – felices, femeninas, adoradas y queridas. Esto traerá una nueva generación de hombres – masculinos y caballerosos.

"Estoy más convencida que nunca que estas lecciones son verdaderas, y que el conocimiento de ellas se necesita urgentemente en el mundo actual. Esta declaración no es irracional. Un matrimonio amoroso es la base de una familia feliz, y una familia feliz es la base de una sociedad estable. Muchos de los problemas en el mundo vienen de hogares problemáticos. Si queremos llegar a la paz mundial, debemos empezar en casa."

Reconocimientos especiales

Deseo expresar mi más profunda gratitud a las muchas mujeres que han ayudado exitosamente a repartir este mensaje a las mujeres en su país y en el resto del mundo.

También me gustaría expresar mi aprecio a las mujeres que han mandado sus historias de éxito.

Una palabra de aprecio especial a mi esposo, Aubrey, por todo su apoyo, visión y ayuda dadas en algunas situaciones que requerían sacrificio. Estas fuentes de ayuda dedicada me han traído una motivación tremenda para llevar adelante este mensaje, con la esperanza de que llegará a todas las mujeres a través del mundo.

Helen B. Andelin

Palabras de Dixie Andelin Forsyth

Cuando mi madre, Helen B. Andelin, terminó la edición original de La mujer fascinante en 1963, el mundo era bastante diferente a lo que es ahora. Muchas mujeres no trabajaban, y la mayoría eran amas de casa de tiempo completo. Las familias eran más grandes. La vestimenta no era tan casual como lo es hoy. Recuerdo a mi madre usando guantes blancos en la iglesia y tacones en el supermercado. Los jeans y camisetas que vemos en todas partes ahora no eran comunes, y tampoco eran bien vistos. Había secciones en las tiendas departamentales que anunciaban y vendían "Vestidos para el hogar". No había teléfonos celulares o computadoras personales, habia pocos canales de televisión y el divorcio sin culpa no existía. La segunda ola del feminismo penas comenzaba a marchar. Los anticonceptivos y los abortos no eran comunes, y las mujeres que se acostaban o vivían con un hombre fuera del matrimonio eran consideradas "fáciles" y eran rechazadas por la sociedad. Los hijos que nacieran fuera del matrimonio se les consideraba "ilegítimos".

Antes de la muerte de mi madre, ella me habló de la necesidad de actualizar sus libros y de escribir una secuela debido a los tantos cambios que han ocurrido. Aunque algunas cosas han cambiado, reconocí muchos principios invaluables que aún se mantienen. Mientras disfrutas de esta edición vintage de La mujer fascinante, notarás los comportamientos de sus días, pero también los conceptos entretejidos que siguen sin expirar.

Me dediqué a editar con el deseo de mantener su valor mientras eliminaba los aspectos caducados y no esenciales. Las referencias bíblicas cristianas han sido omitidas, para que nuestra audiencia mundial pueda enfocarse en desarrollar un matrimonio profundamente romántico sin tener que orientarse a un punto de vista religioso particular.

Este libro es un best seller con más de 5 millones de copias impresas, y ha sido traducido en 7 idiomas hasta ahora. En su punto más alto, han existido 1,500 profesores mundialmente. No sólo se honra por su longevidad; aún puede mejorar tu matrimonio drásticamente. Ha ayudado a cientos de miles de mujeres en todo el mundo a convertir sus uniones en amoríos longevos. También te puede ayudar a ti, especialmente como un acompañante fundamental para mi nuevo libro "La mujer fascinante para la mujer eterna". En conjunto, mezclan lecciones tradicionales con la siguiente generación de ideas esenciales e información que te elevará a los niveles más altos del desarrollo de tu relación.

Capítulo 1

Amor celestial

El Taj Mahal se encuentra en la ciudad de Agra al norte de India. Aunque haya sido construido en el siglo diecisiete, aún se considera uno de los edificios más hermosos en el mundo, y la tumba más costosa que exista. Fue construida por el indio Shah Jahan en memoria de su esposa Mumtaz-I-Mahal, que significa "El orgullo del palacio". Mumtaz murió dando a luz a su decimocuarto hijo. El Shah tuvo otras esposas, pero únicamente le otorgó este honor a una—Mumtaz. ¿Dónde está nuestro Taj Mahal? ¿Nos hemos ganado tal cantidad de amor y devoción de nuestro esposo?

¿Qué es el amor celestial? Es el amor sagrado que el Shah le tenia a su esposa. Celestial se refiere al amor en su nivel más alto. Lo eleva más allá de lo mediocre y lo coloca en los cielos donde pertenece. Ahí se convierte en flores en vez de hierbas malas—el banquete en vez de las migajas.

¿Crees que este tipo de amor existe cuando un hombre le dice a su esposa constantemente que la ama, recuerda su cumpleaños, la saca seguido a cenar, y es generoso y amable? No necesariamente. Este tipo de atención es admirable, pero no es un atributo del amor verdadero. Un marido obediente puede hacer o decir este tipo de cosas sin sentir algo por su esposa.

El amor celestial es más intenso, más espontáneo y dinámico que las acciones pasivas ya mencionadas. Cuando un hombre ama con todo su corazón, algo se mueve dentro de su alma. En ocasiones, es un sentimiento que se le aproxima a la adoración por su esposa. Otras veces se encuentra fascinado, encantado, y entretenido. Algunos hombres lo han descrito como un sentimiento que se le parece al dolor. Puede hacer que un hombre sienta la necesidad de apretarse los dientes. Junto con estas sensaciones maravillosas y consumidoras hay un cariño, un deseo abrumador de proteger y resguardar a su mujer de todo daño, peligro, y dificultad en la vida.

Estos sentimientos hacen que él derroche su amor romántico a través de palabras a ella o a alguien en quien confíe.

John Alden y Priscilla

Hay una ilustración de amor celestial que se expresa en el reporte de Longfellow sobre John Alden y Priscilla, en donde John habla cariñosamente de Priscilla:

"No hay tierra más sagrada, no hay aire más puro y sano como el aire que ella respira, y que la tierra que se comprime tras sus pasos. Aquí habré de quedarme por su bien, y como una presencia invisible, flotaré cerca de ella por siempre, protegiéndola, respaldando sus debilidades."

El amor de Victor Hugo

Otra expresión del amor intenso de un hombre se encuentra en las siguientes palabras del autor Victor Hugo, escritas sobre la mujer que amó en vida real:

"¿Existo por mi felicidad propia? No, toda mi existencia es dedicada a ella, incluso a pesar de ella. Y ¿con qué derecho me atrevo a aspirar por su amor? ¿Qué importa mientras no dañe su felicidad? Mi trabajo es mantenerme cerca de sus pasos, rodear su existencia con la mía, y ser su barrera contra cualquier peligro; es ofrecer mi cabeza como escalón, colocarme incesantemente entre ella y cualquier dolor sin reclamar recompensas, sin esperar remuneración…

¡Oh! Si tan solo me diera permiso de entregar mi vida para anticipar todo deseo y capricho de ella; si tan solo me permitiera besar respetuosamente sus huellas adoradas; si tan solo consintiera a apoyarse en mi en los momentos más difíciles en la vida."

Puede que fácilmente estés de acuerdo en que los hombres solteros sientan tales sentimientos, pero, ¿qué hay de los hombres casados?

Woodrow Wilson

Escucha las siguientes palabras escritas por el presidente Woodrow Wilson a su querida esposa Ellen después de haber estado casados por 17 años:

"Todo lo que soy, todo lo que me ha llegado en vida, te lo debo…No podría ser lo que soy si no hubiera tomado tal felicidad serena que viene de mi unión contigo. Eres la primavera de la satisfacción; y mientras te tenga, y tu también seas feliz, nada más que el bien y el poder puede venir a mí. Ah, mi pequeña esposa sin comparación, que Dios te bendiga y te mantenga con él."

Y después de haber estado casado por 28 años, él escribe desde la Casa Blanca: "¡Te adoro! ¡Ningún presidente más que yo ha tenido exactamente el tipo correcto de esposa! Ciertamente soy el hombre vivo más afortunado."

Y en otra carta: "No puedo pensar en nada mientras escribo más que en ti. Mis días no están tan llenos de ansiedad y de una sensación de responsabilidad profunda como los están de ti, mi cariño ausente, quien aún actúa como el personaje principal de mi vida a cada minuto del día."

Estos fueron tomados de "The Priceless Gift", una colección de cartas escritas por el presidente Wilson a su esposa Ellen. Cada carta es una carta de amor, caluroso e íntimo.

Quizás algunas de ustedes crean que sus maridos son incapaces de sentir tales sentimientos, o al menos incapaces de expresarlos. Lo dudo. Las cartas cálidas y tiernas del presidente Wilson fueron una sorpresa para cualquiera que conociera su personalidad—aquella de un maestro sin emociones. La mayoría de los hombres tienen la capacidad de ser tiernos, románticos, y llenos de adoración, si es que estas pasiones son despertadas en él por su mujer.

¿Es egoísta?

Si crees que el querer amor celestial es egoísta, estás equivocada. El otorgar este amor es realmente un placer para un hombre. Y se convierte más en un hombre por esto. Le ayuda a ser exitoso en la vida. Le da algo por lo que trabajar, por lo que vivir, y si es necesario, por lo que morir. La mujer que le despierta estos sentimientos sagrados le otorga al hombre plenitud. La mujer que falla, le roba de esta alegría.

Y, ¿no es el amor celestial lo que toda mujer ha querido desde que el inicio de los tiempos? ¿No recuerdas cuando eras pequeña ese sueño infantil que imaginaste cuando eras una princesa hermosa que fue rescatada de un peligro grande por un príncipe guapo y encantador? ¿Y, que no él pidió tu mano en matrimonio, y ofreció darte su vida si fuera necesario para hacerte feliz? Regresemos a ese sueño de nuestra juventud, porque eso es el amor celestial.

¿Cuáles son las cualidades que inspiran el amor celestial en el corazón de un hombre? Para saber esto, necesitamos aprender los principios en los cuales el amor se basa. Debemos estudiar "El tipo de mujer que un hombre quiera", el tipo que despierta sus emociones de veneración, de adoración y de amor.

Para que un amor celestial verdadero exista, la mujer debe amar profundamente a su hombre de vuelta. Los mismos principios que logran despertar el amor en el corazón de un hombre harán que la mujer ame y admire a su hombre.

Capitulo 2

La mujer ideal desde el punto de vista masculino

Para entender lo que es ideal para un hombre, primero debemos ver a la mujer con los ojos de un hombre. Debemos deshacernos de cualquier idea, pensamiento y estándares preconcebidos del encanto femenino. Normalmente no sabemos lo que los hombres quieren, ya que no somos hombres. Sus estándares de la perfección femenina son totalmente distintos a los nuestros.

Las cosas que admiramos entre nosotras son raramente atractivas para los hombres. Por otro lado, las características que la mujer común ignora, o que condena en otras mujeres, son las características que a veces la hace fascinante para un hombre. Las mujeres tienden a no ver sus propios encantos, y es precisamente por eso que es muy difícil para ellas entender lo que un hombre quiere.

La diferencia en los puntos de vista se ilustra en *Vanity Fair* de Thackeray. Por ejemplo, Amelia, uno de los personajes principales, no era admirada por las mujeres que la rodeaban. "Ella es falsa e insípida," comenta una señora, mientras otra pregunta, "¿Qué es lo que George ve en esa criatura?" Luego, Thackeray agrega algunas observaciones personales.

"¿Acaso el lector amado, en su experiencia en sociedad, nunca ha escuchado comentarios similares de sus amigas de buen carácter, quienes siempre se preguntan qué es lo que ves en la Srta. Smith que la hace tan fascinante; o que le lleva al Mayor Jones a proponérsele a esa tonta, insignificante, y que se ríe tontamente Srta. Thompson?"

Y, ¿qué es lo que los hombres piensan de Amelia? La consideran una "diosa doméstica amable, pura, sonriente, simple, y tierna a quien ellos sienten la necesidad de adorar".

¿No te has preguntado a veces lo que un hombre en específico ve en una mujer en particular? En tu opinión, ella no te parece atractiva, y aun así el hombre parece estar completamente enamorado. La fascinación que los hombres sienten por ciertas mujeres parece un enigma eterno para el resto de nosotras. Incluso si le preguntas "¿por qué?", el hombre no sabrá cómo explicar el hechizo que ha caído sobre él.

Y, ¿no has conocido a mujeres que parecieran tener todas las cualidades que deberían complacer a un hombre, y sin embargo nadie las nota, y las descuidan, y ni siquiera son amadas? Yo conozco a una mujer joven que estaba perdiendo a su esposo a otra mujer, y al descubrirlo se miró en el espejo, y se dijo a si misma, "No sé qué hay de malo contigo". No podía ver lo que le faltaba. No podía encontrar los ingredientes faltantes porque se estaba viendo a si misma con los ojos de otra mujer.

Esta ceguera de parte de las mujeres es el por qué pasamos tantas horas en nuestra apariencia sin tener éxito en parecer fascinantes a los hombres. Y cuando llegamos a los cuarenta, nos aterramos de contemplar arrugas y músculos flácidos aunque ambos llegarán inevitablemente a pesar de nuestros esfuerzos. Nos aferramos a la idea falsa de que al perder nuestra belleza también perderemos la admiración de nuestro marido. Si tan sólo pudiéramos entender que el verdadero encanto femenino es duradero.

La apariencia es importante, pero no lo es todo. Una mujer debe tener mucho más que ofrecerle a un hombre que una cubierta atractiva si es que se ganará su corazón. Si observas, verás muchas mujeres hermosísimas que han perdido a su hombre. Y si ves más allá, verás a otras que no son realmente atractivas, como nosotras mujeres vemos, y sin embargo poseen la devoción entera de sus hombres.

En nuestro estudio del tipo de mujer que un hombre quiere, debemos recordar que él juzga con un grupo diferente de valores. ¿Cuáles son sus valores, y qué es lo que busca en la mujer ideal?

Voy a intentar crear este ideal en tu mente, *la mujer ideal*, desde el punto de vista masculino. Debes tener una referencia, o una imagen mental de la mujer que deberías ser—el tipo de mujer que un hombre quiere. Una vez que tengas esta imagen firmemente establecida estarás atraída a ella. Intentarás *ser* esta imagen o ideal.

"Pero," te preguntarás, "¿que este ideal no es diferente para cada hombre?" Claro, los hombres tienen gustos diferentes. Algunos hombres quieren a una mujer callada y reservada, y otros querrán a una más dramática o glamorosa. Algunos hombres prefieren a rubias altas, y otros prefieren castañas bajitas. Algunos aprecian la habilidad de una mujer para cocinar y coser, mientras otros insisten que el sentido del humor es esencial. Hay muchos tipos de hombres en el mundo, y no todos quieren al mismo tipo de mujer. Pero aún con todas estas diferencias, los hombres siguen siendo similares en cuanto a sus deseos básicos. Hay ciertas cualidades que tienen una atracción universal, sólo algunas de ellas despertarán su amor. Son estas cualidades las que analizaremos en nuestra mujer ideal.

Lo angelical y lo humano

La mujer ideal desde el punto de vista masculino se divide en dos partes. Una son sus cualidades espirituales. A esto le llamaremos su lado angelical. La otra parte se relaciona con sus características humanas. A esto le llamaremos su lado humano.

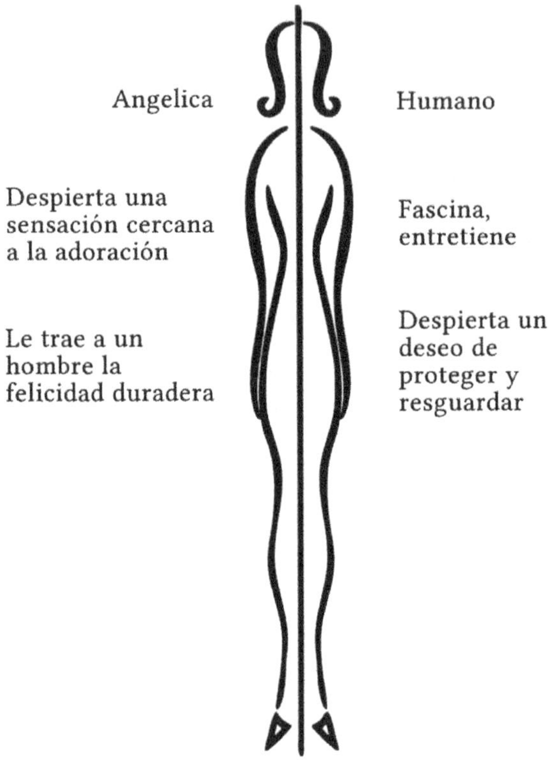

Unidos, él ama

Estas dos cualidades distintas se combinan en una sola ofrecen a la mujer ideal, de acuerdo a los hombres. Las dos son esenciales para ganarse todo su amor. Estas dos cualidades diferentes despiertan sentimientos diferentes en el corazón de un hombre. Lo angelical despierta un sentimiento tan sagrado que se le parece a la adoración. Lo humano, que es igual de esencial, fascina y entretiene al hombre. Lo angelical le trae al hombre felicidad profunda, mientras que lo humano despierta en su corazón un sentimiento tiernos, un deseo de proteger y resguardar. En conjunto, nos dan el sentimiento de amar a una mujer.

Cuando una mujer tiene características angelicales y humanas, se gana el corazón y alma de un hombre. Este es el tipo de mujer que él ama más que la vida misma, y al mismo tiempo ella le da vida, propósito y carácter.

David Copperfield

Una ilustración perfecta de lo angelical y lo humano en una mujer es la historia de David Copperfield, escrita por Charles Dickens. Nuestro ideal, sin embargo, no es representado por una mujer, sino por dos, Agnes y Dora.

Agnes

Agnes representa el lado angelical de nuestro ideal, el lado que inspira adoración. David Copperfield conoció a Agnes desde la niñez, y la adoró desde el primer momento en que la observó. La siguiente descripción de su primer encuentro describe este sentimiento reverente.

"El señor Wickfield, (el padre de Agnes) tocó la puerta en una esquina de la pared panelada, y una niña de mi edad salió rápidamente y lo besó. En su rostro, vi inmediatamente la expresión plácida y dulce de la señorita que me vio abajo desde su foto, (su madre). Me pareció imaginar que el retrato se había convertido en una mujer, y la original se quedó niña. Aunque su rostro era bastante brillante y alegre, había una tranquilidad en él y en ella—un espíritu callado, noble, y de calma—que nunca olvidé; que jamás olvidaré. 'Esta era su pequeña ama de casa, su hija, Agnes." Dijo el señor Wickfield. Cuando escuché cómo lo dijo, y cómo tomó su mano, adiviné cuál era su único propósito en la vida. Tenía una canastilla que colgaba a su lado con unas llaves en ella, y se veía tan serena y tan discreta como cualquier ama de casa que la casa pudiera tener. Ella escuchó con una expresión placentera a su padre mientras él le contaba sobre mí; y cuando terminó, le propuso a mi tía que fuéramos arriba y viéramos mi habitación. Todos fuimos juntos, ella antes que nosotros. Era un viejo cuarto glorioso con más vigas de roble y paneles de diamante; y la barandilla ancha que llegaba hasta arriba.

"No puedo recordar dónde o cuándo, en mi niñez, había visto un vitral en una iglesia. Ni recuerdo de qué trataba. Pero sé que cuando la vi voltearse debajo de la poca luz de esas escaleras viejas mientras me esperaba, pensé en esa ventana; y asocié algo de su brillo tranquilo con Agnes Wickfield para siempre."

David y Agnes se convirtieron en amigos muy cercanos. Ella le brindaba consuelo, comprensión, simpatía verdadera, y camaradería. "Como si," él escribe, "En amor, alegría, tristeza, esperanza, o decepción, en todas las emociones, mi corazón se colocó naturalmente ahí, y encontró su refugio y mejor amigo."

Agnes siempre tuvo una influencia sagrada y pacífica en David. En algún punto bajo mucho estrés y tensión, el dijo, "De alguna forma, mientras le escribía a Agnes una tarde junto a mi ventana abierta, y el recuerdo de sus ojos claros y tranquilos y su rostro gentil me arrebató, derrochó una influencia tan pacífica sobre la prisa y el agotamiento en el que había estado viviendo últimamente que me consoló hasta que lloré."

Pero aunque conoció a Agnes desde su niñez, aunque la adoró desde el primer momento en que la observó, y aunque siente que ella sola está equipada para darle tanta simpatía y camaradería, él se enamora locamente, no de Agnes, pero de Dora.

Dora

Dora representa el lado humano de nuestro ideal, el lado que fascina, cautiva, e inspira un cariño abrumador en el corazón de un hombre, y un deseo de proteger y resguardar. David la describe con las siguientes palabras:

"Ella era un hada y una sílfide. Ella era más que humana para mí. No sé qué es lo que era—nada que nadie nunca vio, y todo lo que todos pudieran querer.

"Tenía la vocecilla más deleitante, la risita más brillante, y las maneras más placenteras y más fascinantes que llevan a un joven perdido a la inevitable esclavitud.

"Ella en sí era bastante diminuta; era demasiado desconcertante. El verla colocarse flores cerca del hoyuelo de su mejilla era perder toda presencia de la mente y poder del lenguaje en débil éxtasis."

Sus modos infantiles, sus caprichitos queridos y antojos, su confianza de niñita que le tenía, su dependencia absoluta en los demás proveyéndole, le dan un atractivo irresistible al corazón caballeroso de David.

Ella lo fascinaba, ya que él escribe: "Sólo pude sentarme ante el fuego, mordiendo la llave de mi bolsa, y pensar en la cautivadora, infantil, de ojos brillantes, querida Dora. Qué forma tenía, qué rostro tenía, qué comportamiento tan variable y encantador."

Casado con Dora, David acude a Agnes

Aún cuando tales sentimientos hacia Dora alcanzan su punto máximo, él extraña el consuelo, la comprensión, y las influencias sagradas de Agnes. "Dora," le dice a Agnes, "es algo difícil de—No podría por nada del mundo decir, confiar, ya que ella es el alma de la pureza y la verdad—pero es algo difícil de—Ni siquiera sé cómo expresarlo. Cuando no te tuve, Agnes, para aconsejar y aprobar desde el inicio, me pareció volverme salvaje y me metí en todo tipo de problemas. Ahora que acudo a tí, por fin, (como siempre he hecho) he llegado a la paz y felicidad."

El cuidado del hogar de Dora

En el matrimonio, Dora también falló como ama de casa. Su hogar era un desastre constantemente: "No pude haber deseado una pequeña esposa más linda al otro lado de la mesa, pero ciertamente pude haber deseado que hubiera algo más de lugar al sentarnos. No sé cómo sucedía, pero aunque solamente éramos los dos, siempre estábamos apretados y al mismo tiempo había suficiente espacio como para perder todo. Supuse que era porque nada tenía su lugar."

Dora no pudo manejar las finanzas ni la ayuda del hogar por más que lo intentó. Tampoco sabía cocinar, aunque David le compró un libro de recetas caro. Pero usaba el libro para que su perrito se parara sobre él.

El vacío en su vida

Mientras estuvo casado con Dora continuó amándola. Ella lo fascinaba y lo entretenía, y él le tenía cariño. Pero no era un amor completo, ni le brindó felicidad verdadera, ya que él dijo:

"Amé a mi esposa, y era feliz; pero la felicidad que anticipé vagamente no fue la felicidad que disfruté, y siempre hubo algo que necesitaba. Un sentimiento de infelicidad se apoderó de mi vida, como una línea de música triste que se escucha a lo lejos en la noche." Y también dijo, "Deseé que mi esposa tuviera más carácter y propósito para sostenerme; que hubiera sido dotada con un poder para llenar el vacío que me rodeaba." Más tarde en la historia, Dora muere, y David acude a Agnes.

Cuando estuvo casado con Agnes, David disfrutó de la paz verdadera y felicidad, ya que ella llenó el vacío en su vida. Fue un ama de casa maravillosa, y le brindó comprensión. Tuvieron hijos y un hogar maravilloso. Su amor por Agnes era sagrado, pero no estaba completo. Aún tuvo recuerdos tiernos de Dora durante su matrimonio con Agnes que jugaban con sus emociones.

Escribe al pensar en ella:

Este atractivo de Dora tuvo una impresión tan grande en mí...recuerdo los momentos que escribí; invoco la figura inocente que amé cariñosamente para que salga de la neblina y de las sombras del pasado, y que se dirija gentilmente a mí una vez más."

Su hija llegó corriendo a su padre en una ocasión con un anillo en su dedo que se le parecía mucho al anillo de compromiso que le había dado a Dora. El pequeño anillo—una arillo de no-me-olvides con piedras azules le recordaron a Dora, y él dijo, "Hubo un movimiento momentáneo dentro de mi corazón, ¡como dolor!"

Comparando a las dos

Si Agnes hubiera tenido lo infantil, el comportamiento humano adorable e infantil de Dora, y su dependencia total por la protección y guía de un hombre, David nunca hubiera cometido el error de casarse con alguien más. Su adoración por Agnes se hubiera convertido en amor genuino, en el deseo de proteger y resguardar. Por otro lado, si Dora hubiera tenido la comprensión simpática, el aprecio por los ideales más altos de él, y la profundidad que Agnes tenía, y le hubiera dado algún orden a su hogar, el enamoramiento de David hacia ella pudo haberse desarrollado en amor y adoración eternos. Desafortunadamente para él, ninguna de las dos representa enteramente el conjunto de angelical y humano. Cada una cometió errores, cada una se ganó y perdió a David, pero vale la pena imitar a ambas en ciertos aspectos.

Analizando a Agnes

Lo que tenía

Agnes tenía cuatro cualidades destacables que le atraen a los hombres, y todos están del lado angelical de nuestro ideal.

1. *Tenía un carácter puro y lindo,* ya que David siempre la asoció con el "vitral de una iglesia," y dijo que había sido una influencia sagrada en él. Quizás su prueba máxima de carácter llegó cuando David se casó con Dora. Aunque Agnes misma haya amado a David, nunca se volvió amargada o vengativa contra nadie, sólo continuó su amistad desinteresada con David, y se volvió también una amiga para Dora. Tuvo el coraje de mantener secreto su amor, y de vivir una vida útil a pesar de sentirse decepcionada. Más evidencia de carácter se presenta en la devoción a su padre, y el sacrificio de muchos placeres por el bien de éste.

2. *Agnes entendía a los hombres.* Le dio a David comprensión pura. Ella sabía cómo disfrutar a su lado de sus triunfos y simpatizar con él en los momentos difíciles. Le brindó consuelo, paz, y camaradería.

3. *Era un ama de casa competente.* Desde su niñez, Agnes fue una "pequeña ama de casa discreta." Se encargó de las comidas, la casa, y de su padre con la eficiencia de una mujer.

4. *Paz interior.* Como resultado de su carácter puro, Agnes tenía una "tranquilidad que la rodeaba, y un espíritu noble de calma," lo cual indica paz o felicidad interna.

Lo que Agnes no tenía

1. *Era demasiado independiente.* Dudaba al apoyarse en David o de necesitar de él. Era demasiado desinteresada, ya que David decía: "Agnes, por siempre mi guía y mi mejor apoyo – si hubieras pensado más en ti misma, y menos en mí, cuando crecimos juntos, creo que mi gusto descortés nunca se hubiera alejado de ti."

Porque dudó al apoyarse en él para cualquier cosa, la hizo parecer muy independiente. Pareciera que no necesitaba de su cuidado y apoyo masculino.

2. *No tenía las cualidades de niñita, infantil, y de confianza.*

3. *No tenía esos modos gentiles, tiernas, y fascinantes de hacer temblar el corazón de un hombre.*

Analizando a Dora

Lo que tenía

1. *Tenía un carácter encantador.*

2. *Era tan infantil como una niñita.* Muchas veces se refiere a ella como su "niña-novia." Ella agitaba sus chinos como las niñas hacen. Su actitud era infantil, siempre confiando.

3. *Tenía modos tiernos.* David se fascinó con la manera en que colocaba flores en el hoyuelo de su mejilla, ó la forma en que acariciaba a los caballos ó en que le daba nalgadas a su perro.

4. *Era feliz.* Tenía una risita linda, una vocecilla encantadora, y los modos más placenteros.

5. *Tenía una mirada brillante.*

6. *Era dependiente.* Tenía una necesidad irremediable por la protección y guía masculinos. Confiaba en David como una niña.

Lo que Dora no tenía

1. *Era una mala ama de casa.* No pudo ni mantener su hogar, ni cocinar, ni manejar las finanzas del hogar.

2. *Le faltaba personalidad.* Dora era buena, pura y amable, pero era muy egoísta. David decía, "Deseé que mi esposa tuviera más carácter y propósito para sostenerme." Estaba demasiado absorta en sus propios problemas, cuidados, y caprichos como para ser una buena esposa.

3. *No entendía a los hombres.* Esto fue lo que más le faltó. No supo cómo ofrecer simpatía, comprensión, aprecio, ni camaradería intelectual, ya que él escribe, "Hubiera preferido si mi esposa me ayudara más, y compartiera mis muchos pensamientos en los que nadie me acompañaba."

Los sentimientos que David tenía por ambas

El sentimiento que David tenía por Agnes era uno que se le parecía a la adoración. Ella fue una influencia sagrada para él. Le brindó paz y felicidad, y sin ella pareciera que él "se volvió salvaje y tuvo muchos problemas." El pensar en ella lo "consoló hasta que lloró." Sintió como si ella fuese una parte de él, "como uno de los elementos naturales de mi hogar."

El sentimiento que tenía por Dora era diferente. Le fascinaba y lo entretenía; "ella era más que humana para mí," "Ella era un hada y una sílfide. No sé lo que era—nada que nadie nunca haya visto, y todo lo que todos pudieran querer." Todos sus manerismos delicados y brillantes despertaron un anhelo irresistible de querer resguardarla y protegerla.

Me gustaría enfatizar que David Copperfield sintió dos tipos de amor muy distintos for estas dos chicas. David siempre experimentó un tipo de amor por Agnes, pero no era tan fuerte como para querer casarse. Y aunque este tipo de amor le brinda a los hombres la paz más grande y la felicidad más duradera y real—no es la más deseada.

El tipo de amor que David sintió por Dora fue forzado, consumidor e intenso. Él sentía la necesidad de "morder la llave de su mochila" al pensar en ella; estaba "en el mundo de las hadas." Era un "prisionero y esclavo."

Sin embargo, este tipo de amor no estaba completo, ni le brindó gran felicidad, ya que dijo, "Amé a mi esposa, y era feliz; pero la felicidad que anticipé vagamente no fue la felicidad que disfruté, y siempre hubo algo que necesitaba. Un sentimiento de infelicidad se apoderó de mi vida, como una línea de música triste que se escucha a lo lejos en la noche."

Experimentó paz y felicidad durante su matrimonio con Agnes, y la amó cariñosamente, pero aún tenía recuerdos lindos de Dora que hicieron que su corazón temblara.

David Coperfield nunca tuvo la satisfacción de amar enteramente, ya que sus sentimientos fueron despertados por dos mujeres totalmente diferentes. Ninguna fue el ideal completo, así que ninguna logró despertar su amor completamente.

Hay muchas mujeres en el mundo como Agnes—mujeres con carácter inspiracional. Son madres maravillosas y buenas ciudadanas. Son apreciadas y respetadas de gran manera por sus maridos, pero si les falta esas cualidades humanas adorables que les fascina tanto a los hombres, no se ganaran el amor y adoración completos de sus esposos. El hombre quiere más que un ángel.

Por otro lado, hay algunas mujeres como Dora que son criaturas tiernas, infantiles, y felices, pero si no tienen un carácter profundo y propósito, si son demasiado egoístas como para ser buenas amas de casa y madres, y si les falta la habilidad de comprender a los hombres, sólo se ganarán parte del corazón de un hombre.

No hay razón por la que una mujer no pueda ser Agnes y Dora al mismo tiempo, ya que las cualidades angelicales y humanas no chocan entre sí. Ambas son una parte natural de la femineidad, y son esenciales para el verdadero encanto femenino.

Ambas cualidades son esenciales si esperas que un hombre te regale su corazón y alma. Por lo tanto, la felicidad entera de tu matrimonio depende en tu desarrollo de ambos lados del nuestro ideal.

Deruchette

Un ejemplo de chica con un lado angelical y uno humano sería Deruchette, la heroína de la novela "Toilers of the Sea", escrita por Victor Hugo:

"Su presencia alumbra su hogar; cuando se acerca es como una felicidad cálida; ella pasa a mi lado y estamos contentos; se queda un rato y somos felices – ¿No es algo divino el tener una sonrisa que, sin saber cómo, tiene el poder de aligerar el peso de esa enorme cadena que todos en vida se cargan detrás? Deruchette poseía esta sonrisa; podríamos decir que esta sonrisa era Deruchette.

"Había momentos en que Deruchette tenía un aire de languidez encantadora, y algo de travesura en su mirada,los cuales eran involuntarios. Algo dulce y noble reinaba en su persona; su ocupación era vivir su vida diaria; sus logros eran conocer algunas canciones; sus regalos intelectuales se resumían a una simple inocencia; tenía el reposo elegante de una mujer de las Antillas, a veces combinado con vivacidad, con la alegría traviesa de un niño, sin embargo con un poco de melancolía. A todo esto añádele una frente amplia, un cuello largo y elegante, cabello castaño, piel pálida con algunas pecas expuestas al sol, una boca algo grande pero bien definida, y visitada a veces por esta sonrisa peligrosa. Esta era Deruchette."

No hay una función más importante en este mundo que aquella de ser encantador – de derrochar alegría, de alumbrar días oscuros, de ser el hilo dorado de nuestro destino y el espíritu de elegancia y armonía. ¿No es esto el ofrecer un servicio?

En otro momento Hugo nos dice, "Ella que algún día será madre, permanece infantil." Y cuando se vuelve una señorita, "ella es tan pura y alegre como una alondra." "Hace todo tipo de ruidos gentiles y murmuros deleitantemente callados para ciertos oídos." Ella era "un hilo dorado entretejido en tus pensamientos sombríos." Encontramos más evidencia de sus cualidades nobles cuando un padre joven le propone matrimonio a Deruchette en la historia:

"Para mí sólo hay una mujer en el mundo. Esa eres tú. Pienso en ti como una oración—eres la gloria de mis ojos. Para mi, tú eres la inocencia pura. Tú sola eres suprema. Tú eres una bendición viviente."

Analizando a Deruchette

Sus cualidades angelicales

1. *Su carácter*. "Algo dulce y noble reinaba en su persona." Tenía un carácter en el cual se interesaba por los demás, ya que ella "alumbraba los días oscuros," y tenía "una sonrisa con el poder de aligerar el peso de esa cadena enorme." Hay más evidencia de su carácter en la declaración de su amante en donde ella es "inocencia pura," "como una oración," y una "bendición viviente."

2. *Doméstica*. Era capaz de realizar sus labores domésticas, ya que "su ocupación era vivir su vida diaria" y "su presencia alumbra el hogar."

3. *Felicidad interna:* Al igual que Agnes, Deruchette poseía la felicidad interna, o no podría habérsela difundido a otros.

Sus cualidades humanas

1. *Infantil*: Al igual que Dora, Deruchette tenía modos infantiles. "Ella que algún día será madre, permanece infantil." Tenía un "parloteo de niña," y "algo de travesura en su mirada," y en algunos momentos "la vivacidad y la alegría traviesa de un niño."

2. *Cambio*: Deruchette no era siempre la misma. A veces era inmensamente feliz y llena de vida; otras veces tenía un aire de "languidez encantadora." Aunque era dulce y noble, había momentos en que tenía "algo de travesura en su mirada." A veces tenía una alegría traviesa, y en otras tenía "una pizca de melancolía."

Pero como verás en otro capítulo más adelante, el cambio también es una cualidad infantil.

3. *Apariencia pura*: "Ella es tan pura y alegre como una alondra."

4. *Gentil*: Sus cualidades infantiles se describen en su voz: "Hace todo tipo de ruidos gentiles y murmuros deleitantemente callados para ciertos oídos."

5. *Irradia felicidad*: Su cualidad que destaca más era su habilidad para irradiar felicidad. Esto formaba parte de su carácter, manerismos, y acciones:

   a. Era tan pura y alegre como una alondra.

b. Derrochaba felicidad.
c. Alumbraba días oscuros.
d. Su presencia alumbra el hogar.
e. Se acerca con una alegría cálida.
f. Pasa a mi lado y estamos contentos.
g. Se queda un rato y somos felices.
h. Una sonrisa que tiene el poder de aligerar el peso de esa cadena que todos en vida se cargan detrás de ellos—una sonrisa peligrosa que es Deruchette misma.
i. En ocasiones era vivaz y alegre.

6. *Elegancia*: No mencionado con anterioridad, pero se le asemeja a la gentileza y ternura.

Deruchette era el epíritu de la gracia y la armonía, y tenía "el reposo elegante de una mujer de las Antillas." Su cuello era largo y elegante.

Amelia

Otro ejemplo en la literatura de una chica que era angelical y humana al mismo tiempo sería Amelia, de la novela "Vanity Fair" escrita por Thackeray.

Thackeray dice que Amelia es una "diosa doméstica amable, pura, sonriente, simple y tierna a quien los hombres quieren adorar." Unas páginas más delante le llama un "pobre corazoncito tierno." En otro momento, le atribuye el ser "un corazón amable, sonriente, tierno y generoso." Admite que no todos la consideran hermosa:

"Me temo que su nariz era algo corta, y sus mejillas eran demasiado redondas para una heroína, pero su rostro se sonrojaba saludablemente, y sus labios formaban la sonrisa más pura, y sus ojos brillaban con buen humor honesto, excepto, claro, cuando se llenaban de lágrimas, y eso era bastante seguido; ya que la tontilla lloraba por un pájaro muerto, o por un ratón que fue presa de un gato; o por el final de una novela, por más tonto que fuera."

Amelia tenía una "voz dulce y pura." Tenía "pocas cosas que le importaran, miedos, lágrimas y un recelo tímido." Temblaba cuando le gente era muy dura con ella. En conjunto, ella era "Demasiado modesta, demasiado tierna, demasiado confiada, demasiado débil, demasiado mujer" para cualquier hombre que no sintiera la necesidad de protegerla y quererla.

Analizando a Amelia

Amelia tenía muchas cualidades que requieren de nuestra atención.

Sus cualidades angelicales

1. *Su carácter*. Tenía un corazón generoso y era amable, y ya que "los hombres sentían la necesidad de adorarla," evidentemente su carácter valía la pena.

2. *Sus cualidades domésticas*: Thackeray la llama una "diosa doméstica."

Sus cualidades humanas

1. *Su pureza*: Tenía la sonrisa más pura, y su rostro se sonrojaba saludablemente. Tenía una mirada brillante. Tenía una vocecita dulce y pura.

2. *Tenía emociones infantiles*: Sus ojos se llenaban seguido de lágrimas. Lloraba por un pájaro muerto, o un ratón, o una novela. Tenía pocas cosas que le importaran, lágrimas, miedos, y un recelo tímido. Tiembla cuando alguien es duro con ella.

3. *Ternura*: Era una "diosa doméstica tierna." Era "demasiado tierna, demasiado débil, demasiado mujer."

4. *Confiada*: "Era demasiado confiada."

Resumen

Llegando al final de nuestro estudio de estas cuatro mujeres, es interesante ver que las cualidades que los hombres admiran son infantiles, tiernas, carácter dulce, confianza, delicadez, travesuras y vivacidad.

Incluso la apariencia atractiva es diferente de lo que las mujeres podrían ver, ya que es la pureza, brillo, tranquilidad y sonrisas lo que cautivó a los hombres en estas historias.

Y es importante notar que ninguno de estos autores le dio importancia a la belleza natural. Amelia y Deruchette no eran mujeres hermosas. Por ejemplo, Amelia era regordeta con una nariz imperfecta—"su nariz era algo corta," y "sus mejilla eran demasiado redondas para una heroína." La complexión de Deruchette estaba afectada por pecas, y su boca era demasiado grande para ser perfecta. Hasta ahora, los autores le dan tan poca importancia a la belleza que, aparte de mencionar sus defectos, no hacen algún otro intento de describir la apariencia física. Agnes y Dora eran ambas mujeres hermosas. La atracción de David se debía a otras cualidades.

Ahora voy a mezclar estas cualidades atractivas en una sola mujer que cualquier hombre sienta la necesidad de adorar, proteger, y querer.

En el siguiente diagrama encontrarás estas cualidades esenciales enlistadas. Aunque dividida, siempre debes pensar en ella como una sola misma, lo angelical y lo humano combinado. Juntas forman el encanto femenino verdadero.

Cualidades Angelicales

1. Entiende a los hombres

2. Tiene una felicidad interna profunda

3. Tiene un carácter que vale la pena

4. Es una diosa doméstica

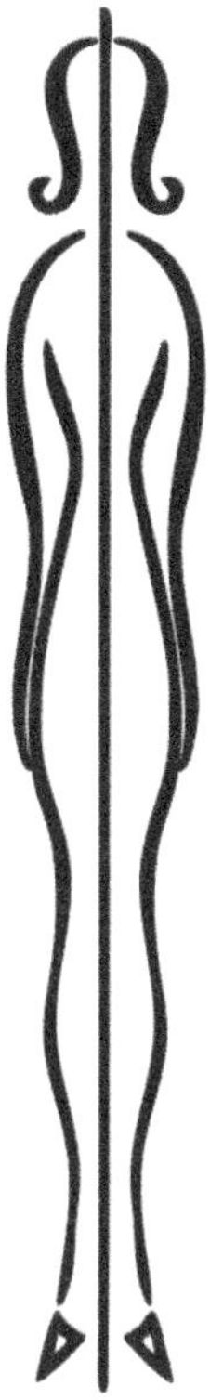

Cualidades Humanas

1. Feminidad

2. Fascina, entretiene

3. Despierta un deseo de proteger y resguardar

4. In-fan-til

Angela humana

La Mujer Ideal Desde el Punto de Vista Masculino

El lado angelical de una mujer despierta en el hombre un deseo que se le acerca a la adoración. Estas cualidades le brindan a un hombre paz y felicidad.

El lado humano de una mujer fascina, entretiene, cautiva, y encanta a un hombre. Le despierta un deseo de proteger y resguardar.

Unidos, él ama

Ambos son esenciales para su amor celestial

Lo angelical es lo que una mujer es, y tiene que ver con su carácter. Lo humano es lo que una mujer hace, y tiene que ver con su apariencia, modos, y acciones.

Quizás te preguntes, "¿Cómo sé si estas cualidades les encantan a los hombres?" "¿Cómo puedo comprobar que todo esto es cierto?"

Te advierto—si le preguntas a cualquier hombre que defina su mujer ideal de seguro te decepcionarás. Puede que no sepa cómo describir sus sentimientos con palabras. Él sólo conoce una cualidad encantadora cuando la ve en acción. Toma un autor, como estos a los que nos hemos referido en las ilustraciones tomadas de la literatura clásica, para describir con habilidad estos atributos.

"Pero," te preguntarás, "¿Podemos establecer las opiniones de algunos autores como la verdad?" Si aún dudas, intenta adquirir estas cualidades y ve por ti misma la respuesta de tu marido.

Part I
The Angelic Qualities

1. Entiende a los hombres

2. Tiene una felicidad interna profunda

3. Tiene un carácter que vale la pena

4. Es una diosa doméstica

El lado angelical de una mujer despierta en el hombre un deseo que se le acerca a la adoración. Estas cualidades le brindan a un hombre paz y felicidad.

El lado angelical es lo que una mujer es, y tiene que ver con sus cualidades espirituales o su carácter. Inspira en el hombre un sentimiento de adoración y le brinda paz y felicidad. Para ser "la mujer ideal" desde el punto de vista masculino, debes poseer lo angelical así como lo humano. Ningún hombre ama completamente a una mujer que no sea un tanto ángel. Puede que una mujer menos angelical le fascine o lo cautive, pero no sentirá por ella el amor en su forma entera—amor celestial.

Estas cuatro cualidades van separadas, sin embargo son una, ya que todas son espirituales. En los siguientes capítulos de la primera parte son dedicados al estudio de estas cualidades angelicales y cómo adquirirlas.

Entendiendo a los hombres

Un hombre quiere a una mujer que lo entienda. Pero los hombres no son fáciles de entender, ya que son diferentes a las mujeres—tan diferentes en naturaleza y temperamento que casi parecen que vienen de otro planeta.

Los hombres no piensan como nosotras, no resuelven un problema de la misma forma, ni tienen los mismos valores o necesidades que nosotras tenemos. Incluso esas necesidades que puede que sean similares en hombres como en mujeres son bastante diferentes en su valor esencial. Por ejemplo: El amor es esencial para ambos. El ser admirados es esencial para ambos. *Pero el ser amados es más importante para una mujer, y el ser admirado es vital para un hombre.* Muchas veces nos confunde nuestra relación con un hombre porque no logramos entender estas diferencias.

Agnes

Agnes tenía la habilidad de entender a los hombres, ya que David decía, "Cuando no te tuve, Agnes, para aconsejar y aprobar desde el inicio, me pareció volverme salvaje y me metí en todo tipo de problemas. Ahora que acudo a tí, por fin, (como siempre he hecho) he llegado a la paz y felicidad." Y en otro momento, "Como si en amor, alegría, tristeza, esperanza, o decepción, en todas las emociones, mi corazón se colocó naturalmente ahí, y encontró su refugio y mejor amigo."

Dora

Dora no tenía esta habilidad para entender a los hombres, ya que David escribe: "A veces sentía, por un momento breve, que puede haber deseado que mi esposa fuera mi consejera—que hubiera sido dotada con el poder de llenar el vacío que me rodeaba." Y más adelante: "Hubiera sido mejor si mi esposa pudiera haberme ayudado más, y compartido mis muchos pensamientos donde no tenía compañero."

Si vamos a entender a los hombres entonces debemos saber algo de ellos. Ningún orador se ganaría el interés de una audiencia que no lo conociera. No sabría ni por dónde empezar. Tampoco podría un vendedor intentar escribir un anuncio a menos que primero conociera al tipo de gente que le interesa su producto. Mientras mejor entienda el orador o el vendedor a su público, sus peculiaridades, ambiciones, prejuicios, opiniones, y debilidades, mejor podrá hacer y decir las cosas que funcionarán.

Lo mismo aplica con la mujer. Entre mejor entienda las características, peculiaridades, necesidades y puntos vulnerables de un hombre, mejor sabrá cómo hacer y decir las cosas que lo complacerán. Un estudio de estas características masculinas son informativas, y se darán a conocer en los próximos ocho capítulos.

Capítulo 3

Aceptando a un hombre por lo que es

Si quieres ganarte el corazón completo de un hombre, deberás aceptarlo por lo que es y no intentar cambiarlo.

Hace unos años, Norman Vincent Peale, autor de El Poder del Pensamiento Positivo[1], dio una plática impresionante ante un público grande. Después de la plática, como era de costumbre con el Dr. Peale, permitió un tiempo para preguntas que contestó desde el estrado.

Una de estas preguntas escrita por una mujer decía algo así, "He intentado mantener un buen hogar, ser una buena madre, pero las cosas no han ido bien. El problema es que mi esposo no ha puesto tanto esfuerzo como yo para que nuestro matrimonio sea exitoso."

Entonces enlistó muchos de los defectos de él, en ellos incluyó, "Ignora a los niños, derrocha dinero, bebe, es grosero, y es muy difícil vivir con él." Su

[1] The Power of Positive Thinking

pregunta para el Dr. Peale fue, "¿Hay alguna esperanza de que la gente cambie después de 25 años de matrimonio?"

Uno no puede evitar simpatizar con esta mujer quien aparentemente aún mantenía la esperanza. Mientras anticipaba su respuesta, pensé, "Probablemente le diga un discurso sobre 'El poder del pensamiento positivo,' y le diga que aún hay esperanza," pero para mi sorpresa, no le dio tal respuesta.

El Dr. Peale miró seriamente al público y dijo con agravamiento, "¿No sabes que deberías aceptar a un hombre por su valor nominal y nunca tratar de cambiarlo?" Con esto asumimos, claro, que su esposo no era un hombre abusivo o un alcohólico.

Este mensaje debe hacerse saber a toda mujer en el mundo. Ninguna otra cualidad es tan vital, tan fundamental. Es la base de entender a los hombres. Debes aceptar a un hombre por lo que es, o por su valor nominal, o no podrás ganarte su amor celestial.

¿Qué significa Valor Nominal?

En el mundo de los negocios, tiene un significado específico. Es la cantidad que vale hoy o ahora un bono o un seguro de vida, etc. Si lo retienes por varios años, puede que su valor aumente mucho más, pero sí tiene un valor específico ahora. ¿Y a qué se refiere el valor nominal en un hombre? Significa que lo que vale hoy, tal como existe ahora, sin ningún cambio.

¿Qué significa "aceptar" a un hombre por su valor nominal, o por lo que es?

Significa que lo reconocemos como un ser humano que, como todos nosotros y el resto de los humanos, tiene virtudes y defectos. Es un método bastante honesto. Nos damos cuenta de que los defectos están ahí, pero no nos preocupamos por ellos porque aceptamos al hombre en total. Si él quiere cambiar por su cuenta, será su asunto. Nosotras estamos satisfechas con él tal como es.

Aceptación no significa tolerancia—que nos demos cuenta de sus defectos, pero "viviremos con ellos." Tampoco significa deshonestidad—que tengamos que convencernos de que él es perfecto aunque no lo sea. Ni tampoco significa resignación.

Cuando aceptas a un hombre, ves al hombre en total, y estás contenta con lo que ves y pruebas esto al no intentar cambiarlo. Y aun así, mujeres en todo el mundo están intentando cambiar a sus maridos.

Una mujer joven me confesó que en cuanto se casó, empezó a hacer una lista de todos los defectos de su marido que tenía intenciones de cambiar. Creía que era su deber mejorarlo.

Cómo intentan las mujeres cambiar a sus maridos

¿De qué forma intentan las mujeres mejorar a sus maridos? Caen dentro de distintas categorías:

1. *Hábitos personales:* Hay cosas como hábitos malos al comer desde el punto de vista nutritivo, malos modales en la mesa, el descuido de su apariencia, mala ortografía y gramática, mal comportamiento, mal humor, conducir un auto demasiado rápido, hábitos de desorden—especialmente cuando se trata de dejar cosas por toda la casa y que no cuelguen o guarden las cosas en su lugar, falta de cortesía, decir groserías, fumar y beber en exceso.

2. *Cómo distribuye su tiempo:* Muchas mujeres se esfuerzan por cambiar la distribución del tiempo de sus esposos para que les rinda más. Se quejan de que sus hombres pasan mucho tiempo fuera de casa lejos de los hijos, en eventos deportivos, en responsabilidades en la iglesia y otras actividades externas, que pasan mucho tiempo viendo televisión, o durmiendo en el sillón, o en el baño. Algunas se quejan de que sus esposos tienen muchas "planchas encendidas" lo que ocasiona que siempre estén apurados. Muchos hombres no logran llegar a tiempo a sus casa, ni se molestan en llamar a sus esposas cuando van a llegar tarde.

3. *Tareas:* Muchas mujeres discuten con sus hombres cuando no realizan sus tareas en el hogar—tales cosas

como descuidar la reparación de objetos, trabajo en el jardín, pintar, y arreglar. Algunas mujeres se quejan de que sus hombres son poco confiables en su trabajo y no logran tener éxito; que no pagan las cuentas a tiempo y descuidan sus tareas en la iglesia entre otras tareas, y que son flojos, perezosos, y por tanto, no tienen éxito.

4. *Comportamiento social:* Algunas esposas se quejan de que sus maridos alardean demasiado en público, o hablan mucho, otros que hablan muy poco, y muchos no dicen lo que deben y no les importa la conversación. Otros no tratan a la gente debidamente, les faltan modales, y muchos hombres no eligen amigos que complacerán a su esposa, y tampoco aprecian a las amigas que su esposa elige.

5. *Sueños y deseos:* Muchas mujeres se quejan de las aspiraciones de sus esposos diciendo que no tienen ambición o ánimo por la vida, que se subestiman, que no tienen deseo de mejorarse a si mismos. Algunos no pueden decidir qué es lo que quieren de la vida y van de un sueño a otro; otros no tienen imaginación y dejan que el mundo se les pase por encima. Algunos hombres son demasiado salvajes e imposibles de complacer.

6. *Logros masculinos:* Algunas mujeres impulsan a sus hombres a ser más exitosos como otros hombres son. Algunas se quejan de que sus esposos no logran liderar y guiar a sus familias, son indecisos, se preocupan mucho por sus errores en el pasado, se apresuran a

juzgar sin saber los hechos primero, y no tienen buenas ideas.

7. *Dinero:* Algunas mujeres se quejan de que sus hombres no saben manejar el dinero, que lo derrochan, que son tacaños y que gastan grandes cantidades sin consultarlo con sus esposas.

8. *Descuido de los niños:* Las mujeres discuten que los hombres deben aceptar más responsabilidades en el cuidado y entrenamiento de los hijos.

9. *Religión:* Las mujeres se quejan de que sus esposos no van a la iglesia, no escuchan sus ideas religiosas, y no les interesa la religión. *¿Dónde podemos encontrar al hombre perfecto?*

¿Por qué las mujeres intentan cambiar a sus maridos?

En muchas ocasiones, se debe a que las mujeres se irritan con sus hombres. No los han aceptado como son, y por tanto se les dificulta mucho vivir con sus defectos. Pero más frecuentemente, y especialmente entre las mujeres de calibre más alto, es "por su propio bien." Estas mujeres dicen, "Si realmente amas a alguien y te importa, es tu deber que obtengan lo mejor de la vida." Por tanto, debo cambiar a mi esposo por su propio bien.

Si un hombre realmente no puede ver sus propios defectos, y esta ceguera le da problemas o no logra conseguir el éxito, es importante que su esposa le de una llamada de atención. Pero una vez que se da cuenta de su error, y si lo sigue cometiendo por elección propia, ella debe dejar de persistir. "Pero," su esposa podría decir, "Los defectos de mi esposo le están robando de la felicidad básica; por lo tanto, debo cambiarlo para que pueda ser feliz." Esto parece ser una meta noble. ¿Qué podríamos tener contra ella?

Hay cuatro razones por qué las mujeres no deben tratar de cambiar a los hombres, y son las siguientes:

1. Ocasiona problemas maritales
2. Puede destruir al amor
3. No funciona
4. Puede ocasionar que el hombre la resienta

1. Ocasiona problemas maritales.

Aunque una esposa se disponga a renovar a su marido con la mejor de las intenciones, puede que inicie problemas maritales que pueden volverse graves.

En primer lugar, puede ocasionar una tensión horrible en el hogar. La esposa puede tensarse porque se preocupa por los defectos de su marido. Puede preocuparse por las consecuencias de su comportamiento. Luego, cuando se dispone a cambiarlo crea tensión adicional cuando él se resiste al cambio. Los hijos también sufren cuando se dan cuenta de la tensión que existe entre los padres.

Otro problema ocasionado por intentar cambiar a un hombre es que destruye su ego. El hombre es orgulloso en espíritu. Él conoce sus debilidades, pero quiere que pienses lo mejor de él. Recuerda que un elemento importante en la felicidad de un hombre es la admiración por su mujer. Este es su pan de cada día. Cuando sugieres que él no es aceptable pone en peligro su seguridad, justo como tú te sentirías insegura si pensaras que no te ama.

Adicionalmente, sugerencias y esfuerzos constantes de renovar a un hombre lo irritan y hacen que su vida sea difícil de soportar. Frecuentemente, escapará de sus sentimientos de infelicidad al pasar tiempo fuera de casa, y en compañía de otros ó dándose placeres que lo compensarán por su miseria.

Y un problema más que puede ocurrir es el hueco que puede crecer entre hombre y mujer, cortando la comunicación entre ellos. El esposo se puede volver distante y retraído. Puede que viva en la misma casa con su esposa, pero que casi no le hable. Muchas veces la falta de comunicación de parte del esposo nos lleva a que no siente que sea aceptado por como es.

Es difícil, si no es que imposible que un hombre sienta cariño por la mujer que lo molesta. Muchas veces el hombre en sí no entiende este resentimiento que lo lleva a ser molestado, y por lo tanto no sabe cómo explicar su comportamiento frío hacia su esposa.

La tensión, los resentimientos, la falta de comunicación, y las actitudes frías que ocurren dentro del hogar debido a la iniciativa de la esposa de cambiar a su marido deberían hacerla preguntar "si sus objetivos valen la pena." Si se puede comparar lo que ella esperaba lograr cambiando a su marido con un ambiente de paz en el hogar y una buena relación en el matrimonio. ¿Qué le importa más a los hijos, a si misma, y a su marido? Es dudoso que cualquier esfuerzo para perfeccionar al marido sea más importante que el amor y la armonía entre hombre y mujer. Y nada es tan esencial al bienestar y al desarrollo de los niños como son los padres felices.

2. Puede destruir al amor

En casos más severos, el amor mismo puede ser destruido. Cuando una esposa molesta u hostiga a su esposo constantemente, es como la mordida de una serpiente venenosa, y puede ocasionar la destrucción de lo que podría ser un matrimonio sagrado. Uno de los casos más trágicos es el del novelista ruso, el Conde Leo Tolstoy y su esposa, Sophia.

Tolstoy

Tolstoy y Sophia eran tan felices al inicio de su matrimonio que se arrodillaban juntos para pedirle a Dios que su éxtasis continuara.

Tolstoy es uno de los novelistas más famosos de siempre. Dos de sus obras son consideradas tesoros literarios, Guerra y Paz[2] y Anna Karenina. Era tan admirado por su gente que lo seguían día y noche y anotaban cada palabra que murmuraba.

Aunque él fue un hombre de riquezas y fama, tras estudiar las lecciones de Jesús vendió su propiedad, trabajó en los campos cortando madera, arreglando heno, hacía sus propios zapatos, comía de un tazón de madera, y hacía lo posible por amar a sus enemigos. Vendió los derechos de publicidad de sus obras y tuvo el coraje de seguir sus convicciones para vivir una vida en la que él creía.

Pero Sophia nunca lo aceptó o a esta simple filosofía de vida. Ella amaba los lujos, y él los odiaba. Ella ansiaba la fama y la estima de la sociedad, pero nada de esto significaba algo para él. Ella soñaba con dinero y riquezas, pero él consideraba estas cosas como un pecado. Durante años ella intentó cambiarlo a él y a sus creencias. Le gritaba porque insistía en vender los derechos de publicación de sus libros. Cuando él se le oponía, ella se lanzaba en ataques de histeria y amenizaba con suicidarse o aventarse a un pozo.

Después de 48 años, este hombre que había adorado a su esposa cuando se casó ahora no podía ni verla. Y una de las escenas más trágicas es cuando la

---

[2] War and Peace

Condesa Tolstoy, con el corazón roto y anhelando afecto se arrodilló a los pies de su marido, y le rogó que le leyera en voz alta los pasajes exquisitos que él había escrito para ella en su diario hacía cincuenta años. Y mientras él leía sobre esos bellos días que ya no existían, ambos lloraron. Su último deseo fue que no se le permitiera la entrada a ella.

3. No funciona

Los hombres no cambian porque son molestados y hostigados. Si los esfuerzos de la mujer por cambiar al hombre realmente dieran frutos, se les daría algo de mérito, pero este es un método dispuesto al fracaso. ¿Acaso Tolstoy cambió? ¿Le hizo caso a las sugerencias de su mujer? ¡No! Se resistió hasta el día de su muerte. ¡Los hombres no cambian de esta forma!

"Pero," podrías decir, "Yo sé de una mujer que quiso cambiar a su esposo y lo logró." No dejes que esto te engañe. Si examinas la situación cuidadosamente, verás que el cambió no por la persuasión de su esposa, sino porque encontró algún otro incentivo para cambiar – uno del que ella no se da cuenta. Y puede que él haya cambiado mucho antes si no lo hubieran hostigado.

4. Puede ocasionar que el hombre la resienta.

No solo fallan los esfuerzos de una mujer por cambiar a su marido, también atraen una racha de resentimiento en él. Esto se ocasiona por su esfuerzo de mantener su libertad.

Tengo un hijo que ocasionalmente dice, "Mamá, no me digas que hacer o no querré hacerlo." Esto indica cómo son realmente los hombres. De hecho, ellos a veces se alejan de que aquello que realmente quieren.

Una ilustración impresionante— Resentimiento

Una mujer se convertió a una religión en particular y era muy dedicada a ella. Intentó hacer que su esposo se interesara, pero no obtuvo respuesta de él. Día y noche lo volvía a intentar, pero cada vez su esfuerzo era en vano.

Una noche, organizó en secreto una cena con los misionarios de la iglesia. Ella sentía que su esposo se vería obligado a invitarlos adentro y a ser amable. También les dijo que trajeran sus materiales para poder evangelizarle después de la cena.

Todo fue de acuerdo al plan, y los misionarios tocaron el timbre justo cuando se sentaban a la mesa. Después de una comida placentera, la esposa dijo, "¿No sería lindo que estos caballeros te comentaran un poco sobre la iglesia?" Debido a la presión moral y a sus buenos modales, él accedió.

Mientras los misionarios preparaban sus materiales, el pobre hombre se sintió atrapado. Pidió permiso para retirarse al baño, saltó de la ventana, y desapareció. Se fue por tres días.

Después de buscarlo por tres días, la esposa desesperada acudió a la iglesia por ayuda. Muchos de los líderes llegaron al rescate, y empezaron a buscarlo. Tras una extensa búsqueda, lo encontraron. Al interrogarlo, descubrieron que no tenía intenciones de regresar a su hogar para nada. Sin embargo, debido a la persuasión amable del caballero que lo encontró, y la promesa de su esposa de jamas volver a mencionar su religión de nuevo, volvió a su casa. La esposa mantuvo su promesa "al pie de la letra," y el hombre pudo relajarse en paz.

Lo impresionante de esta historia es la siguiente experiencia: El caballero que lo encontró se hizo amigo del marido, quien le confesó, "No tengo nada en contra de tu iglesia. De hecho, ya hace algún tiempo he querido saber más de ella, sólo que no por mi esposa."

Secretamente descubrió más sobre la religión de su esposa, se convirtió, y se hizo miembro. Una mañana en la iglesia, el arzobispo se paró y anunció que había un nuevo miembro en la congregación; dijo el nombre, y le pidió que se acercara a la tribuna. La esposa estaba tan feliz que se puso a llorar.

Otra ilustración de resentimiento

Otra mujer causó una racha de resentimiento en su esposo. Al inicio del matrimonio, ella le hizo varias sugerencias sobre temas de poca importancia. Intentó reformar sus hábitos alimenticios, lo impulsó a bañarse más seguido y a hacerlo más rigurosamente, y a cuidar más de su apariencia. A ella le habían enseñado la importancia de la nutrición, pero su esposo venía de una familia que no consideraba esto importante. En especial lo irritaba cuando le prohibían ciertos alimentos a los que él ya estaba acostumbrado.

Esta restricción de su libertad ocasionó que comiera más comidas no saludables, especialmente fuera de casa, y empezó a tomar. Sus sugerencias eran para su salud, así que su comportamiento fue contra su salud. De cierta forma, era un "Dame mi libertad, o déjame morir."

Ella no tuvo éxito en cambiarlo, y hasta la fecha aún continúa con sus hábitos de resentimiento. No todos los hombres reaccionan tan violentamente contra las sugerencias, pero incluso los más inteligentes se resienten contra las mujeres que intentan cambiarlos.

Como podrás ver en los cuatro casos ilustrados, los esfuerzos de las mujeres por cambiar a los hombres fracasan invariablemente en cuanto a que ocasionan problemas maritales, tienden a destruir el amor, y no atraen ningún cambio en el hombre.

El plan que funciona

Existe un plan en donde un hombre puede cambiar, y se llama libertad. No es 100 por ciento seguro, pero es el único método viable donde el hombre puede crecer. Es el único plan efectivo, y el único camino a la felicidad de un hombre. También es el único escenario donde el amor puede florecer.

El libre albedrío es una de las leyes más fundamentales de la vida. La raza humana no se desarrolla ni se es feliz sin esto. Dios estaba totalmente consciente de este principio eterno cuando creó al hombre y lo colocó en esta tierra. Permitió que las fuerzas del mal se hicieran presente, aunque sabía desde un principio que muchas de las almas preciosas de la gente caerían en el pecado, y cosecharían los frutos amargos que provienen de la desobediencia. Pero también sabía que sin la libertad, la raza humana no podría desarrollarse. Al hombre se le debe presentar una elección, y el debe elegirla por si mismo.

Si Dios pudiera arriesgar la felicidad futura de un hombre y su bienestar para extenderle su preciosa libertad, entonces, ¿por qué no puede la mujer permitirle el mismo privilegio? ¿Por qué no dejarlo hacer lo que él quiera hacer, y ser el tipo de hombre que él quiera ser sin interferencia alguna?

"Pero," podrías decir, "no tomo su libertad con mis esfuerzos de mejorarlo, ya que nunca le insisto nada, ni uso algún elemento para forzarlo." Pero no es por la compulsión, sino todo está en las manera sutiles que usamos para interferir. Haciendo lo siguiente es cómo alejamos al hombre de su libertad:

Cómo alejar a un hombre de su libertad

1. Presión moral
2. Haciendo alusiones
3. Desapruebo
4. Molestando, hostigando
5. Sugerencias
6. Crítica abierta

Todo hombre quiere vivir en paz. Todo hombre quiere ser aprobado. Cuando ejerces la presión moral lo fuerzas a elegir entre su libertad y "la paz en el hogar."

A veces él elige la paz y sacrifica su libertad. Por ejemplo, tuve de invitados a una pareja joven y planearon pasar un día en la playa. Mientras se marchaban, la muchacha le preguntó a su marido, "¿No te vas a poner tus lentes oscuros?" Él le dijo que los había dejado deliberadamente porque no quería la molestia. Ella quiso insistir, pero él se mantuvo firme. Cuando se subieron al auto, escuché cómo abrían una de las puertas y el hombre regresó por sus anteojos. Todo lo que dijo fue, "¡Lo que sea por mantener la paz!"

Hay veces en las que un hombre renunciará a su preciosa libertad temporalmente porque su esposa se la pone tan difícil que no tiene alternativa. Pero no siempre sacrificará su libertad por la paz. Muchas veces, un hombre se aferrará a su libertad a toda costa.

Una esposa joven me dijo que cada Domingo por la mañana simplemente le preguntaba a su marido, "¿Planeas ir a la iglesia esta mañana?" Aunque el quería complacer a su esposa, esta alusión gentil le irritaba tanto que se quedaba en casa sólo para mantener su libertad. Él no tenía nada en contra de la iglesia, pero si atendía, quería que fuera su idea. Tan pronto como ella dejó de hacer alusiones, él empezó a atender más frecuentemente.

La libertad religiosa es preciosa. Los Estados Unidos se fundaron en el principio de la libertad religiosa. Los pioneros salieron de Europa para obtener esta libertad preciosa. Cuando queremos llevar a los hombres a la iglesia, la mayoría de las veces los alejamos. No sólo es castigarlos un fracaso, también es injusto.

Las únicas mujeres que han logrado exitosamente forzar a sus maridos a actividades religiosas, se dan crédito bajo ilusiones falsas. Sus hombres hubieran empezado tales actividades mucho antes con su libertad, aprecio, y un ejemplo resplandeciente. Tales hambres han encontrado otra razón para ir a la iglesia de la cual la esposa no se da cuenta.

Empujando a un hombre hacia la virtud

Hay unas mujeres cristianas a las que se les enseñó "a empujar a sus maridos hacia la virtud." Pero la palabra empujando no significa lo que comúnmente implica. El verdadero significado de esta palabra es incitar, inspirar, o despertar. *No significa hostigar o molestar.*

Algunas mujeres tienen complejos de superioridad

¿Por qué las mujeres intentan cambiar a los hombres? ¿Acaso se creen superiores? Tal vez piensan que ponen aún más esfuerzo en lo que consideran justo, son más diligentes al sacar su matrimonio adelante, y son más activas dentro de la iglesia, y que son mejores personas que sus maridos. Miran con desprecio a los hombres, y por tanto piensan que los hombres, no ellas mismas, deben mejorar.

Una mujer no está en la posición de juzgar lo que un hombre vale. ¿Tu podrías considerarte un juez? ¿Realmente eres mejor que él?

Una chica me confesó todos los defectos graves que su esposo tenía, y luego le dije, "¿Realmente te crees mejor que él?" Al principio, me vio con indignación. Luego, después de meditar en silencio, agachó su cabeza y dijo humildemente, "No, no creo que sea una mejor persona que mi marido. Yo sé que él es un buen hombre."

La actitud correcta

Está en nosotras el cambiar. Nos han dicho que removamos la vara de nuestro ojo primero, y después podremos ver con claridad la que está en el ojo de nuestros hermanos. Las mujeres que intentan cambiar a sus hombres pisotean sobre su libertad, y violan estos principios eternos.

¿Cambiará?

Quizás te preguntes, "Si lo acepto por quien es, ¿hay alguna esperanza de que él mismo haga un esfuerzo por mejorar?" ¿Quién puede decir? Debes aceptar el hecho de que quizás no lo haga. Pero de forma misteriosa, los hombres son bastante aptos para mejorar cuando se sienten totalmente aceptados, y se les concede su libertad.

La única esperanza de que un hombre cambie es que tú no intentes cambiarlo. Puede que otros intenten cambiarlo, enseñarle, y ofrecerle sugerencias, pero la mujer que ama debe aceptarlo por el hombre que es.

Si los hombres van al cielo quieren que sea idea de ellos. Si van a la iglesia quieren que sea idea de ellos. Si hacen alguna mejora en su persona, su salud, su personalidad, o su negocio, ellos quieren que sea por su propia iniciativa. Y cuando se les otorga esta libertad, tienen la mayor oportunidad de mejorar.

Permíteme ilustrarlo:

Historia de éxito

Recordarás a la chica que intentó cambiar los hábitos alimenticios de su esposo. Otra de mis conocidas usó un método diferente—uno de completa libertad.

Ella también vino de una familia con hábitos alimenticios estrictos, pero apoyó la total libertad de su marido. Pronto después de casarse, le dijo dulcemente a él, "Amor, yo sé que fui criada para comer de forma distinta a la tuya, pero, ¿te importaría si me preparo las comidas que yo quiera, y haré lo mismo por ti?" Él estuvo de acuerdo, y así lo hicieron por muchos meses. Pero después de un tiempo, él adoptó los buenos hábitos alimenticios de ella, e incluso hablaba maravillas de su valor a otros. Los hombres normalmente son inteligentes. Quieren lo que es mejor para ellos, pero ante todo quieren su preciosa libertad.

Historia de éxito

Una mujer se comprometió con un hombre de religión diferente a la suya. Su religión era muy importante para ella, y tenía la esperanza de que al casarse, él eventualmente se uniría a su iglesia.

Buscó la opinión de un hombre muy sabio que le dijo, "Si te casas con este hombre, no le des importancia a las diferencias religiosas. No intentes hacer que cambie su punto de vista. Si él quiere ir a su iglesia, ve con él. Otorgarle su libertad total, pero manténte firme en tus ideales, y sé el ejemplo de lo que tu religión enseña."

Ella terminó casándose con este hombre, y siguió el consejo del hombre sabio. Él sí le pidió que lo acompañara a su iglesia, lo cual ella hizo de buena gana. En reciprocidad, él estaba dispuesto a ir a la de ella. Al comparar las dos descubrió que la iglesia de su mujer era superior a la de él, y terminó uniéndose a esta.

En tu intento de aceptar a tu hombre por lo que es enfrentarás muchos problemas. ¿Qué haces cuando sus defectos te siguen irritando y se te hace difícil ignorarlos? ¿Qué haces cuando él hace algo despreciable, mucho más bajo de tus estándares? ¿También debes renunciar a tus propios ideales o virtudes al aceptarlo? ¿Qué haces si te trata mal—deberías también aceptar esto?

Responderé todas estas preguntas una a una.

Mira su lado positivo

Una vez que aceptas a un hombre por quienes puedes dejar de preocuparte por sus defectos. Esto se vuelve fácil si lo miras desde su lado positivo y te concentras en eso. Puede que te hayas preocupado por tantos años en mejorarlo que haya pasado de largo sus virtudes. Algunos hombres son el Dr. Jekyll y el Sr. Hyde, y solamente al reconocer y continuamente creer en su lado positivo es que puedes ayudar a un hombre, un niño, o a cualquier individuo para que crezca.

Intenta imaginar que una mitad de tu esposo fue pintada con colores brillantes y la otra con colores aburridos. Luego, gíralo para que la parte aburrida esté fuera de tu vista y sólo puedas ver lo brillante. Sabes que lo aburrido está ahí, pero no lo estás viendo. Sólo ves lo brillante. Luego dile que aprecias su lado brillante. ¡Y sé específica!

Si entiendes que hay muchas virtudes detrás de los defectos del hombre, te ayudará a descubrir su lado positivo. Por ejemplo, si un hombre presumido es a veces una señal de un hombre de alto calibre que no se aprecia, no se acepta, no se le otorga libertad, o que de alguna forma maltrata a su esposa. Un hombre con mal temperamento y desalentado es frecuentemente un hombre aspiraciones extremadamente altas que no están siendo logradas. Un hombre que olvida, descuida, y no piensa es a veces un hombre con una gran capacidad mental, y que está usando su mente para cosas más grandes de lo que parecieran ser detalles importantes para ti. Un hombre que aparenta ser flojo y negligente en casa pudiera ser un hombre que gasta todas sus energías hacia el éxito de su vida fuera de casa para poder proveer.

Qué hacer cuando hace algo mal

Si hay ocasiones cuando tu esposo es deshonesto, grosero, débil, o no muestra personalidad, puede que te preguntes cómo deberías reaccionar. Lo aceptas tal como es, pero si ignoras totalmente un comportamiento malvado, demuestras que hay debilidad en tu propio carácter.

Lo que tienes que hacer es rehusarte a creerlo. Di que pensabas que no era posible que un hombre como él hiciera algo así. Si te sientes atraída a creerlo, indica que sabes que va contra su naturaleza, y simplemente fue el resultado de descuido o desconsideración. Debes sentirte decepcionada de este lapso temporal, pero tu fe en su lado positivo debe mantenerse fuerte.

Cuando te maltrata

¿Deberías aceptarlo tal como es cuando te maltrata, y simplemente ignorarlo? Me refiero a las ocasiones en que sea desconsiderado, injusto, que te imponga, que te descuide demasiado, o sea abusivo de cualquier forma. El hombre tiene el derecho a muchas libertades, pero nunca tendrá el derecho a maltratarte. Tú eres un ser humano que merece respeto y consideración, y es importante para ambos que mantengas tu dignidad. De hecho, es difícil para un hombre el sentirse romántico hacia una mujer que pueda maltratar. Es igual de difícil para ella sentirse romántica hacia el hombre que la maltrata.

Una de las mejores recompensas que viene de vivir como la mujer fascinante es la consideración y el respeto hacia tu marido. Sin embargo, no debes esperar a que esta meta se cumpla para demandar respeto y el trato apropiado.

Mantener tus ideales

La pregunta surgirá—al aceptar a un hombre tal como es, debería rebajar mis estándares a los de él para así hacer que se sienta más aceptado. La respuesta es no. No te respetará por eso. A un hombre le gusta pensar que su mujer es más fina, mejor, y más sagrada que él, y por tanto, sería decepcionante para él notar que te rebajes de su nivel al de él. Te lo debes a ti misma, y al desarrollo de tu lado angelical el mantener tus estándares tan altos como sea posible.

Esta pregunta también surgirá—¿Existe algún momento donde pueda hacer el intento de cambiar a un hombre? ¡No! Él debe ser aceptado tal como es. Aunque, como se mencionó anteriormente, sí hay un momento donde podrías intentar abrirle los ojos y hacerle ver sus errores, pero solamente en situaciones específicas.

Cuando un hombre no puede ver sus propios errores

Muchas veces un hombre no podrá ver sus propios errores, y esta ceguera le traerá dificultades con sus asociados o le impedirá el tener éxito. Tomemos el ejemplo del vendedor que usa un método que no sirve, o el jefe de departamento que es muy severo con sus compañeros de trabajo, o el doctor que está perdiendo pacientes porque pareciera ser malhumorado, o incluso el hombre que es exiliado por tener un mal olor corporal.

En estas ocasiones, la esposa debería alertarlo. Él no lo resentirá si se hace de forma adecuada. Muchas veces otras personas que observan sus errores no se interesan lo suficiente para darle una llamada de atención, o quizás sientan que no deberían entrometerse. Su esposa sería la única que se interesa lo suficiente en él para ayudarlo.

El método correcto

Toma en cuenta que sí lo aceptas. ¡Es el mundo quien no lo hace! Los demás se ofenden, tú no. Dile que tienes algunas ideas que podrían ayudarle. Hazle saber que no estás al tanto de la situación como lo está él, y que podrías estar equivocada, pero "¿podría ser que esto es el causante de tus problemas?" Asegúrale que lo admiras, y que es una pena enorme que los demás no lo aprecian por lo que realmente vale.

Una vez que le hayas abierto los ojos, no persistas en el asunto. Déjalo ir. Si él continúa cometiendo errores, ya estando consciente de ellos, debes dejarlo ser libre.

Asegúrate de que el realmente no sepa de la existencia de sus errores, y también asegúrate de que le estén causando problemas. Una mujer me preguntó si debería corregir la gramática de su esposo, la cual claramente era terrible. Al preguntarle a él, descubrí que era bastante exitoso y contaba con la aprobación de muchos amigos. Le hice saber a ella que yo consideraba innecesario el mencionarlo.

Cuando le ofreces tus opiniones o correcciones a tu marido, se femenina. No aparentes saber más sobre sus asuntos de lo que él sabe; no seas una madre, y no le hables de hombre a hombre.

Resumen

Hemos aprendido la importancia de la aceptación, y que si intentamos cambiar a un hombre estamos condenadas a fracasar—esto ocasionará problemas maritales, y podríamos causar que un hombre se vuelva rencoroso- También aprendimos que es difícil, si no imposible, que un hombre ame a la mujer que lo hostiga, lo corrige, o que intenta mejorarlo. Sabemos ahora que no estamos en posición de juzgar el valor de un hombre, y que la tendencia a hacer esto es por creernos mejores. Es en nosotras donde se encuentra el cambio—no en nuestros maridos. Debemos ver su lado positivo, y si nos queremos convertir en Angela Humana y ganarnos su amor celestial, *debemos aceptarlo por quien es.*

Algunas a quienes les he enseñado esta filosofía dicen que es difícil aceptar a un hombre, y por tanto han dejado de intentarlo. Lo admito, la aceptación no es fácil de digerir, pero se basa en un principio sólido, y uno bien podría dejar de intentar ser una buena persona si van a dejar de intentar aceptar a un hombre por quien es.

Hay varios pasos hacia la aceptación, o reglas que observar.

Pasos hacia la aceptación

1. *Deshazte de cualquier complejo de superioridad.* Míralo desde un punto de vista moral, dándote cuenta que un complejo de superioridad demuestra una falta de humildad, y por tanto, una falta de carácter.

2. *Mira su lado positivo.* La aceptación se vuelve más fácil si te concentras en sus virtudes, y desarrollas un aprecio por su lado positivo, y le haces saber su aprecio. De esta forma le permitirás crecer, y sus defectos pronto dejarán de molestarte.

3. *No utilices a otros hombres como ejemplos a seguir.* Las mujeres frecuentemente utilizan a un hermano, un padre, o un hombre destacado de la comunidad, o incluso a su propio hijo como el ejemplo a seguir de la masculinidad, pensando que al hacer esto, su esposo intentará copiar las virtudes del otro hombre. Esto demuestra los esfuerzos de una mujer para cambiar a su esposo, y debe ser eliminado si un hombre se sentirá aceptado. El golpe a su ego podría ocasionar un efecto aún más severo.

4. *Dile que lo aceptas.* Es difícil para algunas mujeres saber que decir. He incluido algunos ejercicios al final de este capítulo sobre qué decirle cuando tengas duda. No es suficiente con sólo pensar en ello. Tienes que decirle.

Nuestra recompensa

¿Qué recompensa podemos esperar por nuestros esfuerzos? Te prometo que lo que recibirás a cambio será amor. El amor es el tema central de este libro, y mencioné al inicio que la mujer tiene el poder de despertar los sentimientos de un hombre hacia ella. La aceptación es el primer paso y el más vital hacia esta meta.

Cuando realmente aceptas a un hombre, despiertas sentimientos profundos en él. Y cuando le otorgas a un hombre su libertad, permitiéndole que sea el tipo de hombre que él quiere ser, ganar cierto poder sobre él. Todo esto es parte del poder de la mujer fascinante.

Y cuando lo aceptas, dejarás de preocuparte por sus defectos, y por ende verás con más claridad sus virtudes. Lo apreciarás más, lo amarás más, y él te ofrecerá su amor, cariño, y cualquier otra amabilidad que antes no creías posible, como se relata en las siguientes historias verdaderas:

Historia de éxito

Una mujer tenía su querido esposo, pero tenía algunos hábitos que ella no aprobaba, en especial su uso del tabaco. Ella le insistía que se fuera al sótano a fumar aunque ya hubiera aceptado este lado de él cuando se casaron.

Tras aprender la filosofía de la mujer fascinante, se dio cuenta de lo horrible que había sido con él. Cuando él llegó a casa esa noche, ella le confesó sus sentimientos, y le pidió perdón por la forma terrible en que lo había tratado, y le dijo que lo aceptaba por quien era. El hombre se conmovió tanto que lloró. Más tarde esa noche, él le dijo por primera vez en dos años que la amaba, y durmió toda la noche abrazado a ella.

Historia de éxito

"Mi marido ha sido todo un compañero para salir con los chicos casi todas la noches hasta el amanecer. Cada vez me enojé mucho con él. Sin embargo, tras entender el principio de aceptación, intenté un método diferente.

"Una noche comí mi cena en la mesa, y lo llamé a cenar cuando uno de sus amigos tocó a la puerta porque quería que él saliera por un rato. Se puso su abrigo y me dijo dónde estaría y que no lo esperara despierta. Aunque mi primer impulso era romper el techo, me detuve a mi misma y le dije, '¡Oh, me parece que es una gran idea! Realmente necesitas salir un rato.

Que te diviertas y tendré tu cena lista para cuando regreses.' "Su reacción fue de sorpresa así como lo fue para su amigo. Sí se fue, pero regresó 45 minutos después de buen humor y con una caja de dulces para mí. Pasó el resto de la noche platicando conmigo y ayudándome."

Historia de éxito

Una chica casada que había estado pisoteando la libertad religiosa de su marido tuvo lo siguiente que decir: Cuando se dio cuenta de sus errores le dijo, "Tú eres lo más importante en mi vida. Quiero que seas feliz. Me doy cuenta de lo mal que estuve al intentar forzar tu camino hacia actividades religiosas."

El hombre tuvo una expresión particular en su rostro—algo sucedió dentro de él. Dijo, "Si eres tan justa conmigo, seré igual de justo contigo. Antes quería que renunciaras a tus actividades religiosas, pero ahora quiero que tengas la libertad de continuar."

Historia de éxito

Hubo otro caso de una mujer que ya había visitado a un abogado para divorciarse, pero cuando consideró esta doctrina, estaba determinada a darle una oportunidad más a su matrimonio. Las primeras palabras que le dijo a su esposo fueron:

"¿Tienes un par de minutos para hablar? Me gustaría pedirte perdón por no entenderte todo este tiempo. ¿Me darías el privilegio de mostrarte que he entendido la importancia de comprenderte? Quiero que sepas que tan equivocada he estado sobre ti todos estos años."

"Estoy feliz que seas el tipo de hombre que eres, y que no eres maleable, y que has tenido el coraje de mantener tus convicciones todos estos años."

Una expresión muy extraña apareció en su rostro, y ella pudo detectar que algo sucedía dentro de él. Ella fue a su trabajo en una tienda de belleza, pero al mediodía su esposo, quien antes había sido indiferente, malévolo y negligente, le llamó por teléfono y le dijo, "Odio pensar que estés trabajando tan duro en este día tan miserable [lluvioso]. ¿Por qué no cierras y vienes a casa?" Ella lo hizo, y cuando llegó él tenía una cena especial preparada para los dos.

Al día siguiente mientras ella salía de casa, él notó un agujero en sus medias. Ella le dijo que era su último par, a lo que él dijo, "Me encargaré de que tengas más." Al día siguiente le compró un paquete de seis.

También le compró una cama nueva aunque no habían estado durmiendo juntos. Y fui informada que ya están durmiendo juntos.

Días después, este hombre que nunca había sido útil o servicial, fue hasta la tienda de su esposa a reparar sus secadoras de pelo.

Y esto es similar al éxito que experimentarás si aceptas a tu hombre por quien es. Los hombres en estas historias no leyeron libros ni tomaron clases sobre cómo tratar a una mujer. La mujer despertó sus sentimientos y acciones por ella misma. No fue necesario que el hombre supiera algo sobre el tema. Puedes ganarte su afecto y devoción por la manera en que lo tratas.

Ejercicios

Para romper el hielo

La siguiente es una ilustración de lo que le podrías decir a tu esposo para hacerle saber que lo aceptas.

"Estoy feliz que seas el tipo de hombre que eres. Puedo ver que no pude entenderte anteriormente, y que he cometido muchos errores."

"Me alegra que no me has permitido forzarte a nada, y que no has sido maleable como arcilla en mis manos, pero en vez has tenido el coraje de seguir tus convicciones. ¿Podrías perdonarme y dejarme demostrarte de qué tan feliz soy de que seas exactamente como eres?"

Puede que al principio no sientas con sinceridad estas palabras mientras las dices, ya que todas tus actitudes críticas no han desaparecido. Pero aún así, díselo, y enfócate en su lado positivo. Si continúas expresándote te ayudará a crecer hacia la aceptación entera.

Recuerda observar estos cuatro pasos hacia la aceptación:

1. Deshacerte de tu complejo de superioridad.
2. Enfocarte en su lado positivo.
3. No uses a otros hombres como ejemplos a seguir.
4. Expresa tu aceptación.

Capítulo 4

Admiración

El centro de la felicidad de una mujer en el matrimonio es ser amada por su compañero – pero el centro de un hombre es ser admirado.

Todo hombre sueña con ser admirado muy dentro de su corazón – por sus habilidades, sus ideas, y por sus sueños. Esta admiración es su felicidad más grande, y la falta de ella la miseria más estresante. Aunque es así de importante para él, no es algo que pueda lograr por si mismo. Se le debe otorgar de parte de aquellos que los respetan y lo aman. Le gusta recibirla de toda y cualquier fuente, pero es mas esencial cuando proviene de la mujer que ama.

Un hombre frecuentemente hará y dirá cosas deliberadamente en la presencia de una mujer, esperando recibir admiración. Pero muchas veces esto pasará de largo. A veces la mujer está demasiado ocupada o muy metida en su propio mundo con sus propios problemas como para notar algo que admirar. Las mujeres no se preocupan por descubrir lo que se encuentra en el corazón de un hombre. Pero la mujer que ofrece la cantidad perfecta de admiración es la mujer que se gana su corazón y alma.

El hombre joven

Esta necesidad se manifiesta en el hombre joven, y es esencial para su seguridad y crecimiento en la masculinidad. Le ayuda a experimentar el amor por sus padres. Desafortunadamente, hay demasiados jóvenes en el mundo con padres que fallan en admirarlos. Algunos soportan toda una vida de correcciones sin algo de elogio, pero el sueño siempre permanece.

Cuando este joven madura, necesita más admiración que nunca, ya que vivir su juventud sin ésta le ha causado una falta de seguridad. Si la mujer con la que se casa le pude ofrecer esta admiración, sus problemas han terminado. De lo contrario, lo más probable es que se vuelva una criatura solitaria.

El joven casado

La necesidad por la admiración se vuelve más aparente en el hombre joven casado que aún comienza su carrera. Él espera que sea un éxito desmesurado; ningún proyecto es demasiado arriesgado, ningún sueño es demasiado fantástico. Está lleno de planes y propuestas, certezas, y entusiasmo. Lo que no entra en sus expectativas, después de una preparación preliminar por supuesto, simplemente no vale la pena hacer. Puede encontrar cientos de defectos en la forma que sus mayores manejan los asuntos ahora – pero sólo espera a que le llegue la oportunidad de revolucionar el mundo. Por lo mientras, la vida no vale la pena si no puede encontrar a alguien con quién compartir todo esto, cómo deberían ser las cosas, cómo mejorará todo cuando le llegue su oportunidad.

La mayoría de sus asociados jóvenes están demasiado ocupados con sus propias aspiraciones que no pueden prestar atención a las suyas. La gente mayor sólo se reír a de él. ¿Dónde puede encontrar una persona de confianza que lo escuche y no lo critique? Su alma grita que quiere ser admirada. La mujer que le ofrezca esto no será menos que un ángel.

El hombre mayor

Mientras el hombre se vuelve mayor, si aún no ha sido admirado aprenderá a vivir sin ello. Parece ser que se convierte en alguien duro, incrédulo y menos sensible a la falta de admiración. Sin embargo, entre más viejo se vuelve un hombre, más resiente amargamente esta indiferencia aparente a los elementos de su carácter más grandes y nobles. Reprime su hambre por admiración porque no cree que le llegará, pero el hambre sigue tan fuerte y persistente como en su juventud.

Lo que quiere que admires

Lo que un hombre quiere que admires más que nada en el mundo son sus cualidades masculinas. Si admiras las cualidades que son admirables tanto en hombres como en mujeres, se decepcionará. Por ejemplo, si te ayuda a lavar los platos es amable y considerado, es ordenado, sabe arreglarse y tiene buen gusto—estas virtudes merecen elogio—pero no es el tipo de admiración que busca. Lo que quiere que notes y admires es su masculinidad.

Admira:

1. Su fuerza superior
2. Su valor masculino
3. Su sentido del honor y deber en sus asuntos de hombre
4. Su habilidad para liderar
5. Sus capacidades sexuales
6. Su determinación y poder
7. Su dedicación a una causa
8. Su capacidad mental
9. Su firmeza resistente
10. Sus tácticas inteligentes que utiliza en el mundo de los hombres
11. La decisión con la que juzga y hace elecciones

12. Lo nobles que son sus ideales masculinos, estándares y aspiraciones

Estas son las cosas que un hombre desea porque lo hacen sentir como un hombre de verdad. Y cuándo se vuelve consciente de su masculinidad hace que su alma tiemble, y le despierta sentimientos hacia la mujer que lo ha hecho sentir así.

Puede que sea difícil para ti encontrar tales características tan destacables en la personalidad de tu compañero que ves todos los días. Pero hay muchas pruebas comunes de masculinidad que podemos observar frecuentemente.

Las características masculinas más comunes

1. Las horas que pasa en el trabajo para proveer
2. Su fuerza cuando: poda el jardín, mueve objetos pesados, pinta, abre latas muy apretadas, desatornilla o usa el martillo
3. La forma en que te lidera a ti y a sus hijos
4. Su barba, bigote o vello facial (algo que las mujeres no tiene—son estrictamente masculinos)
5. Su habilidad reparando un motor
6. Su estructura corporal
7. Su respuesta sexual
8. Su testarudez (término común para determinación)
9. Su caminar pesado

10. La ropa masculina que usa (dile que admiras las prendas masculinas)
11. Su voz grave
12. Su barbilla u hombros anchos
13. Sus manos masculinas—su tamaño—su fuerza
14. Lo confiable que es en el trabajo, otra responsabilidad masculina

Cómo desarrollar la admiración

Si aún no has admirado a tu marido adecuadamente, te interesará seguir las siguientes sugerencias:

1. *Atrévete a conocerlo.* Puede que haya muchas cosas de él en las que no te has fijado por años. Sin duda tendrá cualidades masculinas que merezcan tu admiración. Tendrá sorpresas intelectuales, físicas o habilidades masculinas.

2. *Interésate en él.* Si pasas menos tiempo pensando en tus asuntos y tus problemas y más pensando en él, encontrarás muchas cualidades que te han pasado de largo. Las mujeres tienden a ser egoístas. Nuestras vidas se enfocan en los hijos y nuestros quehaceres del hogar. Pero es este egoísmo y falta de interés lo que hace que tu esposo se fije en una mujer que sí lo aprecie.

3. *Escúchalo hablar.* Esta es una buena manera de conocerlo. Hay pocas mujeres que saben algo sobre las

actividades de su marido fuera del hogar, y por tanto no se dan cuenta de sus logros y habilidades especiales. Como regla, la única oportunidad que tienen para conocerlo es escuchándolo hablar.

Si un hombre tiene a alguien que lo escuche, disfrutará hablar de su vida fuera del hogar. Toma cada oportunidad que tengas para escucharlo. Muchas veces solamente habla con el propósito de ganarse tu admiración. Imagina qué tan decepcionante sería ser rechazado—por tu falta de interés.

Pero es importante que aprendas a escuchar a un hombre.

Cómo escuchar a un hombre

Sigue esta regla, y aprenderás a saber escuchar: No escuches solamente lo que dice, sino al hombre quien lo dice. Nota lo absorto que se encuentra en el tema, cómo domina hasta el más mínimo detalle, cómo se glorifica en sus habilidades y conocimiento, cómo ha trabajado y desarrollado sus propias ideas, qué tan leal y devoto es a ellas, el poder mental y moral que logra ejercer, qué hombre tan genuino es cuando te detienes a apreciarlo.

Si no logras comprender todo lo que dice, busca las características de su persona que puedas admirar. Haz preguntas. La conversación las revelará. De hecho, si sólo sigues el tema y aprecias eso, y no el hombre que se expresa, se decepcionará. Puedes estar segura de que no está hablando sólo para que se aprecie el tema. Quiere que la admiración le sea otorgada a él como hombre, y no sólo como una máquina parlante.

No importa que la mujer no tenga una educación avanzada para seguir el discurso de un hombre listo. El hombre, en su placer de ser admirado, raramente notará que su conversación no está siendo comprendida. Incluso cuando se da cuenta lo disfruta, como podemos apreciar en las siguientes palabras:

¿Qué importa aunque parezca no entender?

¿Crees que estoy sediento por una palabra sublime?

¿Cuando siento que un alma le echa un vistazo a mi alma?

– Maeterlinck

Si aprendes a escuchar a un hombre correctamente no importa que el tema sea interesante o aburrido. Pueden platicar de los asuntos mundiales, la bomba atómica, o los detalles de su carrera de negocios, y sabrías mantener el interés. De hecho, puedes suponer con seguridad que si habla deliberadamente de algo que no entiendas lo hace sólo porque quiere despertar tu admiración. La historia siguiente te ilustrará la forma correcta de escuchar.

La forma correcta de escuchar

Jim es un hombre que está hambriento de admiración, ya que es algo que casi no consigue en el mundo. Es un éxito rotundo en los círculos de negocios, es bastante intelectual, y tiene ideas políticas ingeniosas, pero ¿a quién le importa o le interesa conocerlas? De hecho, algunos han implicado que su éxito se debe a la suerte.

Pero en casa la historia cambia. Su esposa no está interesada en la política, sin embargo adora a Jim.

En cuanto tienen un par de minutos juntos, ella dirige la conversación al mundo de la política. Le pincha hasta que se encuentra totalmente absorto en su pasatiempo, y luego se dispone a escuchar. Si observas con cuidados, verás que sólo escucha casualmente a lo que dice, sin embargo siempre encuentra tanto que admirar. ¿Qué rayos es? No es su apariencia porque es simplemente un hombre común y corriente; no es lenguaje ya que ambos están al mismo nivel, y no son sus ideas porque no les son de interés a ella.

Ella ve lealtad y coraje e idealismo. He aquí un hombre que se apasiona por sus ideas, por lo que él cree correcto. No importa si ella está de acuerdo o no. Así que se sienta y admira, no sus palabras, ni sus ideas, pero su masculinidad. Su entusiasmo ferviente que pudiera irritar a aquellos que no están de acuerdo con él es apreciado por ella como otra expresión del campeón glorioso y firme que es.

Mientas ella pueda apreciar el embelesan ánimo de su semblante y el despliegue de su personalidad admirable, no pide más.

Aún cuando se encuentra deprimido se despierta la admiración ella. ¿No estará triste sólo porque considera la futilidad de muchas de sus ideas?

¿Qué pasa si no logras encontrar cualidades masculinas en él?

En casos extremos, puede que un hombre se deteriore al punto de que ya no sea tan viril—en la superficie. ¿Qué puedes hacer si no encuentras algo que admirar en él?

1. *Ten fe* en que estas cualidades aún existen dentro de él aunque no las demuestre.

Estas cualidades sí existen, dormitando muy dentro de su alma, como lo hacen en el alma de todo hombre. Tener fe en su existencia y creer que existe la posibilidad de que se convierta en un hombre de verdad es simplemente otra manera de darle un ideal por el cual vivir, o usando el poder del pensamiento positivo.

El autor alemán Goethe dijo: "Si tratas a un hombre como es, permanecerá como es, pero si lo tratas como debería ser, y lo que podría ser, crecerá y se convertirá en un hombre mejor."

La mujer que tiene una fe inquebrantable por el lado positivo de un hombre, aunque no lo demuestre, le inspira a un hombre a alcanzar estas concepciones de sus habilidades. Ella le ofrece esperanza que quizás el no haya apreciado como merece—ese valor, firmeza, y nobleza son verdaderamente rasgos subyacentes de su persona.

Muchas mujeres han ayudado a transformar a un hombre que aparentemente era estúpido, débil, flojo, cobarde e injusto en un hombre determinado, energético, honesto y noble.

Normalmente los hombres son criaturas de corazón robusto, y solamente necesita a alguien que le sugiera que la vida no le hace justicia a quien verdaderamente es. Una vez que ha sido convencido de la nobleza en su corazón, y de que tú la percibes, se vuelve ansioso a quererte enseñar a ti y a si mismo que no son mentiras. El punto crucial en la vida de un hombre proviene de tan sólo el descubrimiento del nivel alto de sus habilidades.

De esta forma, y sólo de esta forma, puede la mujer *sacar a relucir lo mejor de su hombre*—mediante su fe inquebrantable en su lado positivo. Es todo el aliento que necesita. Una mujer no debe alentar a su hombre al empujarlo, sino al creer en su lado positivo.

2. *Regresar al pasado.* Si no encuentras algo masculino qué apreciar en el presente, puedes enfocarte en

observaciones del pasado. Sé específica, y habla de las ocasiones en que despertó tu admiración. Aunque haya sido en el pasado, lo conmoverá.

Una de mis estudiantes me dijo que consideraba necesario el pensar en los días de la Gran Depresión. Recordó aquellos años difíciles donde el empleo estable era difícil de encontrar. Y recordó cómo su marido desgastó el cuero de la suela de sus zapatos como parte de su esfuerzo persistente para proveer a su familia. Fue solamente mediante su diligencia y determinación que su familia pudo vivir una vida cómoda.

A partir de ahí, su matrimonio se deterioró, y él se había vuelto alguien difícil de soportar. Pero en cuanto ella expresó su admiración, aunque haya sido en el pasado distante, su esposo se derritió, y ella detectó que en ese momento algo cambió dentro de su alma—y desarrolló una actitud nueva hacia ella. Desde ese momento, su matrimonio floreció nuevamente.

Cómo expresar admiración

Una de mis estudiantes comentó que después de escuchar las instrucciones sobre admiración, le dijo a su esposo, "Vaya, eres un hombre muy masculino." Y el preguntó, "Cómo? ¿A qué te refieres?" A ella no se le ocurrió ninguna situación específica, y se avergonzó mucho.

1. *Sé específica.* Es mucho mejor si no hablas de generalidades. Piensa en ocasiones específicas donde su masculinidad sea o fue notable.

Di, por ejemplo: "¡Me alegra haberme casado con un hombre tan fuerte y dominante!" Ó, "Cuidas tan bien de mí." Ó, "Provees tan bien para nosotros."

2. *La forma en que lo dices.* Habla con calidez y ternura y que la admiración emane de tu mirada.

Debes aceptarlo

Te debo advertir que el paso más crucial para entender a un hombre y ganarte su corazón es aceptándolo como es. Tu admiración hacia él fallará si aún retienes actitudes críticas en tu corazón, si intentas alejarlo de su libertad, o intentas cambiarlo.

Si lo admiras en algunas formas pero lo criticas en otras—si no lo aceptas tal como es, será como servirle un pedazo de pastel enmohecido y tratar de esconderlo con crema batida encima. Tu admiración parecerá insincera y no tendrá efecto alguno.

Resumen

He mencionado que la admiración de las actividades y logros masculinos es algo que el alma pide. También he mencionado que puedes desarrollar el arte de la admiración al atreverte a conocerlo, interesándote por todo lo que hace, y al escucharlo hablar. También mencioné que seas tan específica como te sea posible al expresarte, y que hables con calidez y ternura. Finalmente, mencioné que debes tener una actitud subyacente de aceptación.

Recompensas

Puede parecer que estés ofreciendo mucho, ¿pero que recibes a cambio? Las recompensas por tus esfuerzos serán tremendas, y te puedo prometer que ganarás un poder femenino y la influencia en tu hombre.

Aunque su amor haya estado dormido por algún tiempo, se despertará, y lo derrochará sobre ti con cariño. Y si ya te estaba amando ahora lo hará con más sinceridad, casi con reverencia. Una mujer me dijo que su marido comenzó a besarle los pies una vez que ella lo comenzó a tratar como un hombre.

Muchas mujeres experimentan una vida sexual más enriquecedora al cabo de unas semanas—una mejor respuesta sexual tanto del hombre como de la mujer.

Otro beneficio es que hará la aceptación más fácil. Una vez que empieces a buscar características de su persona y te concentres en su lado positivo, los defectos que una vez te molestaban tanto se vuelven insignificantes. Comenzarás a apreciarlo más y más.

Pero quizás el resultado a destacar es que definitivamente se define la diferencia entre hombre y mujer. Cuando descubres la masculinidad de tu marido, descubres una de las tantas diferencias entre sexos. Descubres tu femineidad, lo que te da una sensación estremecedora. Esto te hace sentir como una mujer, y hace que él te trate como una. Si lo tratas a él como un hombre, estará más apto para tratarte como una mujer.

Estas son sólo las recompensas más básicas que conseguirás. Hay muchas otras que él te dará y que te sorprenderán, como en las siguientes historias de éxito:

Historia de éxito

Uno de los casos más dramáticos en mi experiencia fue el de una pareja joven que estaban al borde del divorcio—debido a la insistencia del marido. Tuvieron muchos problemas, y él tuvo algo de la culpa. Nunca le compró nada a su esposa, aunque tuvo suficiente dinero para un viaje a Japón; le tenía rencor a su bebé y dijo, "Es un obstáculo en mi camino al éxito." Negó a regañadientes el amor marital. Estaba perdiendo su fe en Dios, y ya no quería más hijos.

Pero su esposa no quería un divorcio, así que se inscribió a mi clase. Tras haber escuchado la lección sobre la masculinidad, decidió intentar admirarlo. ÉL es un hombre alto, guapo, con un cuerpo particularmente atlético. Pero todo lo que le dijo fue: "Siempre he admirado tu fuerza masculina, tus músculos hermosos."

Relató que algo se movió dentro del alma de su marido. No pudo explicar qué era exactamente, pero fue una mirada extraña en su rostro. Él no le dijo nada en respuesta; sólo se quedó callado. Y si bien recuerdo, me parece que él comenzó a cantar por lo bajo.

Al cabo de unos días, tomó el dinero que había guardado para irse a Japón, y le compró muebles a su esposa. Después de unas semanas, aunque el amor marital había sido negado, ahora lo ofrecía felizmente. Regresó a su religión y ahora anticipa alegremente el nacimiento de un nuevo bebé.

Sé que esta historia suena demasiado dramática para ser verdad, sin embargo sucedió así como lo cuento. Por supuesto que esta muchacha comenzó a buscar más cosas qué admirar en él. Pero ella está segura que su despertar comenzó cuando ella halagó sus músculos aquella primera vez.

Historia de éxito

Esto no debería ser etiquetado como una historia de éxito, pero sí ilustra el poder de la admiración.

Un hombre joven a quien conozco no logra encontrar su lugar en el mundo. En serio quiere ser un policía, pero no puede ya que siempre falla el examen de la vista. Nadie ha logrado quitarle este deseo ardiente.

Al hablar con su esposa, la verdad salió a la luz. Cuando empezaron a salir juntos, ella expresó una admiración profunda por los policías; de forma extrema en ocasiones. Ella le decía, "¡Mira! ¡Mira! ¿No se ven tan guapos con sus uniformes?" Y "Parecen tan valientes y tan fuertes," y "Apuesto a que no le tienen miedo a nada." ¿Les sorprende que él quiera copiarlos y que se le otorgue tanta admiración?

Historia de éxito

Una mujer a quien su marido la trataba con indiferencia admiró su honestidad al decir, "Eres tan honesto como Abe Lincoln." El antagonismo previo se fue inmediatamente, y después de unos días él no pudo recordar qué sentir más que amabilidad. Y él le dijo a ella cariñosamente, "La mejor parte de todo esto, es que sólo mejora entre más envejeces."

Otra mujer me contó que en todos sus años de matrimonio, su esposo nunca la trató "decentemente" hasta que empezó a admirar su masculinidad.

Otra dijo que simplemente admiró la forma en que su marido estaba construyendo un motor para su hijo, y él la ayudo a lavar los platos por primera vez en 25 años.

Puede que te sea difícil "romper el hielo," pero recuerda tomar la iniciativa de decir algo. Las siguientes sugerencias podrían ayudarte:

Ejercicios

Dile:

1. "Aprecio el hecho que trabajas como un esclavo para darnos lo que necesitamos y las comodidades para tus pequeños."

2. Si está reparando el auto: "Debe ser terriblemente complicado el reparar algo tan complejo como el interior de un auto."

3. Si está pintando la barda: "Pintas tan fácilmente. Me temo que sería demasiado cansado para mí."

4. "Me alegra que seas un hombre que tenga el valor de sus convicciones." (Cualesquiera que sean).

5. "Admiro el valor masculino que tienes al resolver problemas complejos."

6. Cuando esté soñando: "Estoy feliz de haberme casado con un hombre con algunos arcoiris—algunas aspiraciones masculinas."

7. "Tener el amor y protección de un buen hombre me hace sentir como mujer." Adicionalmente, debes escuchar lo que te diga y admirar lo masculino que encuentres ahí también.

Recuerda: No puedes ser Angela Humana y despertar el amor celestial de un hombre si no lo hacer sentir como un hombre.

Capítulo 5

El orgullo de un hombre

Y, ¿de qué está orgulloso un hombre? Está orgullo de sus cualidades viriles que discutimos en el capítulo anterior. Le gusta presumirlas, hacerte saber que están ahí tanto en conversación como a través de acciones. Toda criatura masculina desde el pavo real hasta el gallo, del toro al león, le gusta pavonearse ante la hembra de su especie y demostrar que sus poderes viriles son de él. Le gusta disfrutar de la admiración que estas características despiertan.

Pero aquí es donde el hombre se encuentra más vulnerable, ya que su orgullo es extremadamente sensible. No puede soportar que su masculinidad sea menospreciada, ridiculizada o que sea tratada con indiferencia.

Revisemos nuevamente las características masculinas:

1. *Físicas*: Son su fuerza, cuerpo, y proeza sexual.

2. *Espirituales*: Son su valor, honor, determinación, aspiraciones e ideales.

3. *Mentales*: Son su astucia, regalos intelectuales, logros, liderazgo, habilidades.

Lo que sufre

Cuando un hombre es menospreciado, sufre humillación. Puede ser una sensación como si lo hubieran cortado con una navaja afilada, o como si lo aplastaran. Cualquiera que sea la forma de humillación, es una experiencia dolorosa.

Efectos serios del orgullo herido

Si sólo sufrieran las sensaciones de haber sido cortado o aplastado, los hombres podrían soportarlo. Pero hay muchos efectos más perjudiciales que debemos entender.

Reserva

Cuando un hombre es menospreciado frecuentemente tiende a construir un muro de reserva a su alrededor—una barrera impenetrable hacia aquellos que lo han ofendido.

Cuando esto ocurre, se distancia. Puede que hable, pero lo hará cuidadosamente. No te puedes dar cuenta de sus sentimientos más profundos ya que no los expone. No confiará aunque sientas su deseo por hacerlo. Es reservado en sus acciones. Habla poco de sus logros, problemas o sueños. A través de todo esto detectarás un sentimiento de infelicidad en él.

Ocasionalmente, un hombre se cerrará y no hablará para nada. A esto se le llama retraerse en su caparazón. Es como si hubiera escondido dentro de sí, cerrado la puerta con llave y cerrado las ventanas. Es difícil sino imposible acercarse a él.

Esta tendencia de un hombre a construir un muro de reserva es común.

¿Qué sucede con él?

Lo más importante que debes entender es que él sufre. En primer lugar, él es orgulloso. Le encantaría pavonearse cual toro y león y que le admires sus sueños, esperanzas, logros, y habilidades—todas sus características admirables que ha guardado dentro de él. Pero no puede. ¡No se atreve! ¿Por qué? Porque tiene miedo de obtener más desdeño o indiferencia. No te dará a conocer sus ideas preciosas porque tiene miedo. Desea poder confiar—abrirte su corazón, pero el miedo lo bloquea—el miedo a ser más humillado. Estos sentimientos conflictivos pelean dentro de él—su deseo a ser admirado—contra *el miedo a la humillación*. Y este es conflicto es lo que lo hace tan miserable.

No debería existir una barrera de reserva entre marido y mujer dentro del matrimonio ideal—lo cual es el tema de esta filosofía. Un hombre debería poder expresarse siempre a través de palabras o acciones sin temer. Si no lo eliminas, puede que se apegue a alguien más en quien confiar.

¿Cómo romper la barrera de reserva?

No se puede intentar sacarlo de su caparazón. Tienes que romper esta barrer de reserva indirectamente—cuidadosamente, siguiendo el procedimiento siguiente:

1. *Debes aceptarlo.* Si continuas criticándolo o estando insatisfecha con él, no te dará a conocer sus sentimientos más profundos a ti o a tu actitud de menosprecio.

2. *Admira su virilidad.* Tu admiración tendrá más efecto al romper la barrera que cualquier otro esfuerzo que hagas.

3. *Deja de menospreciarlo.* Tendrás que eliminar cualquier comentario que destroce su ego masculino.

4. *No critiques a otros.* Si tienes la facilidad para encontrarle defectos a todos, puede que se le haga difícil confiarte sus preciados sentimientos.

5. *Considera sus secretos sagrados.* Deberás probar que no le repetirás sus secretos que ten confía a otros. Aunque tú lo admires, ¿cómo sabrá que otros los harán? Puede que se burlen de las cosas que admiras. Tampoco quiere el desdeño ni la indiferencia de otros.

Recuerda: *Nada provocará que baje su guardia mas que la certeza absoluta de que no tendrá que soportar más humillación o indiferencia.*

Es importante que sepas cómo tratar a un hombre cuando se retraiga. No puedes sólo jalarlo de ahí. Tampoco puedes hacerle sentir vergüenza por este comportamiento peculiar al decirle, "¿Por qué estás tan callado?" ó "No sé por qué nunca me dices nada." Ni puedes entrometerte en su vida para ver si puedes descubrir el problema.

La única forma aceptable de tratarlo es siendo cariñosa y tranquila. Si le das palmaditas en su mejilla mientras le dices lo orgullosa que estás de él, se derretirá ahí mismo. Esto es lo único que puedes hacer en ese momento, y el único consuelo que él necesita.

He mencionado que la reserva es un efecto serio del orgullo herido de un hombre. Pero si un hombre es reservado, al menos esta es una señal saludable de su sensibilidad. El resultado a continuación del orgullo herido es aún peor.

El efecto adormecedor

Cuando el orgullo de un hombre se encuentra herido por un largo tiempo, él aprende a protegerse del dolor al hacerse más resistente a él. Aprende a desinteresarse. Sus sentidos se adormecen.

En el libro del Dr. Edrita Fried, "El ego en el amor y la sexualidad"[3], habla del efecto adormecedor. Pero el Dr. Fried indica qué tan peligroso es esto—*cuando nos adormecemos al dolor, también nos adormecemos al placer.* "Pagamos un precio alto por el auto-adormecimiento; por un tiempo cura nuestro dolor, y también reduce neutra habilidad de experimentar emociones placenteras y de responder a estímulos placenteros. La falta de respuesta corta las flores junto con las hierbas malas, como una guadaña que no discrimina."

El hombre que se ha adormecido al dolor constante de la humillación también se ha separado del placer. Ya no siente dolor, pero tampoco aprecia la belleza de un día de verano, ni disfruta las travesuras de los niños, ni responde al amor sexual que le ofrece su esposa. Su vida sexual indudablemente sufrirá.

¿Y cómo le ayuda una mujer a aliviar el adormecimiento para que regrese a la sensibilidad? Siguiendo los mismos pasos para romper la barrera. Sólo que en este caso tomará mucho más tiempo.

En el mundo laboral

Las mujeres no son las únicas que contribuyen a la humillación de un hombre. El orgullo usualmente se corta brutalmente dentro del mundo laboral. Su habilidad se puede cuestionar. En algunas compañías,

[3] The Ego in Love and Sexuality

las críticas y la vergüenza son comunes. Algunos jefes son tan sadísticos que menosprecian a los trabajadores. Luego está la lucha por un puesto donde los hombres tienden a desacreditar a otros. Usualmente será un acreedor o un cliente con comentarios cortantes. Algunos empleados son ridiculizados por sus superiores.

Pero es la suma de este dolor lo que lo perjudica. Si llega a casa a una esposa que le aliviará las heridas, normalmente podrá soportar el daño permanente; pero si llega a casa a recibir aún más humillación, toda su persona sufrirá.

Errores que las mujeres comenten

Muchas veces el menosprecio de las mujeres se vuelve humor sarcástico. Pero los hombres son demasiado orgullosos como para hacerles saber cuánto duele. Por lo tanto, las mujeres continúan con sus bromas inocentemente.

Cuando se enojan, las mujeres ejercen sus tiros más fatales—y usualmente están demasiado molestas emocionalmente que no se limitan.

Pero *es mediante la indiferencia que la mujer lastima a un hombre más frecuentemente*. Simplemente al bostezar o con una expresión del rostro, o el mirar hacia la ventana ella demuestra esta actitud de indiferencia. Al no lograr darle su total atención—el poner de lado sus quehaceres domésticos cuando él le cuenta algún pensamiento masculino—lastima su orgullo.

Hay otros errores que se disfrazan misteriosamente. ¿Cuántas veces hace ella algún comentario inocente sólo para que él haga una mueca, como si le hubieran dado un latigazo? Y, ¿que no responde ella diciendo "¿Qué dije de malo ahora?"

Es importante que entiendas a los hombres completamente para que evites destrozar su orgullo. Para ayudarte, incluyo las siguientes experiencias:

Un ejemplo de ridiculización

Un hombre le compartió a su mujer una idea para un invento que ayuda a girar las páginas de las música para piano. Ella le dijo mientras se reía, "Oh, no, no sabías que el Mayor Hoople [4] inventó algo así recientemente?"

Le contó a sus amigos de este incidente, y siempre los hacía reír.

Al esposo también se le ocurrió un diseño revolucionario para la plancha común, pero debido a la ridiculización de su esposa, no consiguió llevarlo a

---

[4] Personaje famoso de las tiras cómicas en los años '20. Era conocido por sus mentiras sobre sus logros y su adicción a pensar en ideas para hacerse rico fácilmente. Fue usado como un término derogatorio hasta que finalizó la impresión de la serie en 1981.

cabo. Años después, esta misma idea fue desarrollada por alguien más y fue un éxito. Ni siquiera con esto se detuvo ella, y continúa ridiculizándolo con el paso de los años. No es difícil imaginar el efecto despedazador que ocurrió en el orgullo de su esposo.

Ridículo

Un hombre le presentó una idea a su esposa para una inversión. Ella dijo, "Bueno, si quieres perder todo tu dinero, adelante."

Otra mujer usó el método de la "frialdad". Su marido tuvo una idea novedosa para equipo deportivo. Ella fue más cuidadosa y le dijo, "Seamos inteligentes."

Menospreciado

Conocí a una muchacha hace muchos años que estaba comprometida con un hombre de habilidades notables. Él parecía amarla mucho, pero rompió el compromiso y se casó con alguien más. Esto fue un misterio para cualquiera que conociera a la pareja, pero más tarde me enteré de la verdad. Ella lo perdió porque lo menospreciaba. Se reía de sus grandes ideas, se burlaba de sus acciones en la cancha de basquetbol, y bromeaba sobre su forma de jugar. Él no soportó tanta corrosión constante en su orgullo.

Este hombre se volvió extremadamente exitoso.

Menospreciado

Una mujer me contó lo siguiente: "Mi esposo enseñaba una clase en la escuela dominical, y le iba muy bien. Un día le sugerí que le pidiera a nuestro hijo dar parte de la lección con ayudas visuales.

"Mi esposo se volvió a mi y dijo con un tono grave, '¿Qué sucede? ¿No te gusta cómo lo hago yo?' Le respondí, 'Bueno, ¡podrías hacerlo mejor!'"

Se enojó bastante, me dijo que yo nunca lo apreciaba y que menospreciaba sus esfuerzos constantemente. Salió de la casa, azotó la puerta, y volvió horas después.

Indiferencia

Observé a una mujer removiendo una salsa en la estufa. Cuando su marido llegó a casa, entró a la cocina y le contó de un incidente que había ocurrido en el trabajo. Su jefe le había elogiado sus logros—lo cual se lo dijo a ella con mucho entusiasmo. Ella dijo, "¡Qué maravilla! Ahora ve y apaga y el agua, Jimmy." Una vez más, el intentó ganar su interés, pero ella dijo, "Ve y dile a las niñas que se preparen para cenar." El hombre estaba totalmente abatido.

Envuelto en misterio (menospreciado)

Muchas veces es difícil para una mujer detectar sus errores. Por ejemplo, un hombre se encontraba muy desanimado, así que su esposa intentó alegrarlo con amabilidad amorosa. Luego, él le contó su problema que se trataba de una posible falla en su negocio. Ella le respondió, "No te preocupes, amor, si fracasas en el negocio no importará. Estaré contenta si solamente te encargas de una pequeña tienda de víveres."

Pensarías que tal actitud de sacrificio sería encontrada con aprecio, pero no fue así. Para su sorpresa, él le alebrestó, "A veces sólo dices lo que no debes." ¿Por qué fue su respuesta tan desagradecida y severa?

Ella se lo imaginó como un fracaso. No le sirvió de consolación para nada. Él no podía soportar que ella pensara así de él. Incluso la palabra "solamente" fue un error.

¿Qué pudo haber dicho? Podría haber estado pensando que debía asegurarle que estaba dispuesta a ajustarse a un modo de vida más humilde, pero esto no era lo que él necesitaba en ese momento. Ella debió haberle devuelto la fe en si mismo. Debió haber hablado de éxito, no de fracaso. Su fe inquebrantable en su habilidad para resolver el problema era lo que él necesitaba.

Una mujer debe pensar que su hombre será exitoso—aunque no lo sea en ese preciso momento. Cualquier cosa menor es un golpe a su ego.

Envuelto en misterio (Indiferencia)

Muchas veces cuanto intentamos lo más que podemos cometemos errores graves. Un profesor de actuación en la universidad comenzó la producción de su obra. Casi no acudía a su esposa, pero en esta ocasión, le pidió su ayuda con los vestuarios. Ella trabajó muchas horas en ellas—y eran bellísimos. Pero notó un antagonismo que crecía dentro de él. Una noche, él le dijo, "No te interesas por mi." Ella estaba sorprendida y herida. No comprendía tal falta de aprecio.

Su error fue el interés mayor que tenía por los vestuarios que por su marido. Aquí estaba su hombre, su héroe en acción—esperando que ella notara su talento como director, organizador, y profesor. Él quería que ella notara el hombre maravillosamente exitoso que era. En efecto, él necesitaba de su ayuda con los vestuarios, pero al mismo tiempo quería ser admirado.

Recuerda que *el alma de un hombre pide la admiración*. Cuando demuestras indiferencia hacia su preciada necesidad—su amor por ti disminuirá.

No te puedes ganar su amor celestial si muestras desdén, ridiculización, o indiferencia hacia su habilidad masculina.

Y no te puedes convertir en Angela Humana si hieres su alma.

Recompensas

Cuando rompes la barrera de reserva en un hombre tendrás cualquier oportunidad para entenderlo y admirarlo. Habrá tal cercanía entre usted que no podría existir de alguna otra forma. Te encontrarás un paso más adelante de ganarte su amor celestial.

Ejercicio

Si tu esposo es reservado, toma los pasos necesarios para ayudarle a romper su muro. Cuando notes que se encuentra particularmente retraído, sé tierna y asegúrale del amor y admiración que tienes por él. Dale unas palmaditas en su mejilla, y sé dulce y y cariñosa.

Capítulo 6

Amabilidad comprensiva

Ya comprendemos en parte al hombre, ya que sabemos de la gran necesidad de aceptarlos como son, su deseo por el aprecio de su virilidad, y su orgullo tan sensible. Si embargo, si vamos a alcanzar una verdadera amabilidad comprensiva, debemos saber más sobre él.

1. Sus responsabilidades urgentes

Debemos conocer más de su vida, y la presión y esfuerzo por la que pasa día a día. Una descripción excelente sobre esto se encuentra en el libro de la Dra. Marie N. Robinson, "El poder de la derrota sexual."[5]

"La mayoría de los hombres, cuando alcanzan cierta edad y se casan, cae sobre ellos un peso enorme que no podrán soltar por nada del mundo. En silencio, sin artificios, hacen a un lado, en nombre del amor, la mayor parte de su libertad, y acceden a hacerse cargo

[5] The Power of Sexual Surrender

de las responsabilidades sociales y económicas en su totalidad para sus esposas e hijos.

Como mujer, considera por un momentos cómo te sentirías si a tu hijo se le negaran las cosas más importantes de la vida; una casa adecuada, ropa, educación. Considera cómo te sentirías si pasaran hambre. Quizás tales pensamientos se te han ocurrido y te han hecho pasar un mal momento. Pero son sólo pensamientos pasajeros; una mujer no les da mucho crédito; no son siempre su responsabilidad directa; ciertamente no se preocupa por esto por mucho tiempo.

Pero tales pensamientos, conscientes o inconscientes, son la tarifa diaria de su marido. Él sabe esto, y se lleva este pensamiento estresante al trabajo cada mañana, y luego a la cama en la noche, que la felicidad, salud, y las mismas vidas de su esposa e hijos dependen del éxito o fracaso de sus esfuerzos. Al final del día, él siente que debe tomar esta responsabilidad por si mismo.

No creo que sea posible exagerar la seriedad con la que la mayoría de los hombres toman esta responsabilidad; cuánto les preocupa. Las mujeres, a no ser que sean muy cercanas a su hombre, raramente se dan cuenta que tan pesada llega a ser esta carga, ya que los hombres no hablan mucho de esta. No quieren que sus amadas se preocupen.

Los hombres han llevado esta responsabilidad en sus hombres por sus familias desde el inicio de los tiempos. Sin embargo, pienso que el hombre civilizado pasa por momentos más difíciles que sus antepasados primitivos cuando observo el estrés y la tensión que ocurre en el mercado de hoy.

En primer lugar, la competencia crea una tensión terrible en el individuo. Esta competencia no es sólo para ganar ascensos y avanzar; muchas veces es solamente para conservar su trabajo. Todo hombre sabe que si tropieza o se descontrola, puede y será reemplazado fácilmente.

Ningún nivel en el empleo está libre de esta presión interminable. El ejecutivo debe alcanzar y exceder su cuota del año pasado de la competencia. Aquellos en puestos más bajos deben ayudarlo, así que él inspecciona su trabajo de forma más severa y más constante.

Los hombres de profesión—doctores, abogados, profesores—no se encuentran bajo menos presión en la mayoría de los casos. Si el abogado se emplea solo debe buscar nuevos clientes constantemente; si trabaja para una organización debe esforzarse infinitamente para evitar ser reemplazado por sus compañeros más ambiciosos o por pequeñines que acaban de salir de la escuela de leyes y aún están llenos de pura energía juvenil. Una racha de circunstancias desafortunadas pueden arruinar o poner en riesgo la práctica de un doctor, ya que la más mínima puede fractura su habilidad para ejercer. Un profesor debe trabajar largas horas en proyectos que puedan publicarse fuera de sus tareas arduas de enseñanza si quiere avanzar o simplemente mantener su cargo.

No hay campo laboral en el que un hombre pueda entrar que ofrezca estabilidad económica en su totalidad; la competencia, la necesidad por el incesante rendimiento año tras año es la base de su vida. Con todo esto, él sabe también que existe una parte pequeña donde el puede ejercer el mínimo control. El desempleo podría ser causa de las depresiones cíclicas y recesiones que caracterizan a nuestra economía."

2. Su deseo de estatus

Hay una lucha paralela a su esfuerzo por proveer, y se llama la lucha por el estatus. Este deseo que los impulsa se nota en todos los machos del reino animal. En su libro Génesis Africano[6], Robert Ardrey indica que dentro del mundo animal, el instinto por el estatus, por la adquisición y defensa del territorio es más irresistible para el macho que el instinto sexual. La jerarquía en el establo, la formación que los gansos usan al volar, la jerarquía en la colonia de babuinos, y el rango dentro de una manada de elefantes es una

[6] African Genesis

fuerza más irresistible para el macho de lo que es el funcionamiento sexual.

Este deseo de estatus, o de reconocimiento, es evidente en el macho humano. ¿Por qué se esfuerzan los hombres con tanto fervor para destacarse, o alcanzar una meta, o para simplemente ganar una partida? ¿Por qué trabajan tan diligentemente para avanzar o para obtener un rango más alto? ¿Será el único propósito el conseguir dinero o porque les divierte? ¡No! El hombre tiene el deseo de destacarse—de ganarse su lugar en el mundo de los hombres.

Este impulso por la superioridad sobre otros hombres es una característica masculina. Puede que las mujeres deseen aclamo, pero puede que no ya que tienden a ganar superioridad una sobre otra.

3. Tu héroe

Más allá del deseo por el aclamo del mundo yace una ansia más intensa, y es su deseo de ser un héroe en tus ojos. Es esto por lo que vive y respira.

Y sin embargo, cuántos héroes han sido honrados en todas partes menos en sus hogares. La Sra. Tolstoy no reconoció a su héroe. Pero puedes tener la certeza de que la Sra. Woodrow Wilson reconoció al suyo.

Cuando promueven a un hombre en su trabajo, o se le otorga un rango más alto, aprende a volar un avión, o se le aplaude por un discurso o una actuación en el escenario, o gana una partida—imagina si puedes cómo se sentiría si su mujer fracasa en reconocer su heroísmo.

O imagina qué tan doloroso sería que ella estimara a otro héroe—como un hermano, hijo, padre, hombre destacado en la comunidad, celebridad, o incluso una figura histórica. Si quieres convencerlo de que es el héroe en tu vida, no uses a otros hombres como ejemplos a seguir.

Por qué los hombres decepcionan en el hogar

El impulso de proveer y el impulso por el estatus nos ayuda a entender por qué los hombres tienden a decepcionar en el hogar—por qué se molestan, se impacientan, e ignoran sus deberes, sus esposas y a sus hijos.

Algunas mujeres hablan así de sus maridos, "No trata a su familia como trata a los extraños." Cuando él llega a casa llega cansado de dar lo mejor de sí—así que tiende a dar lo peor de sí. En el libro "Las mujeres y a veces los hombres" [7] de Florida Scott-Maxwell, se explica esta tendencia de los hombres a dar a los demás por sentado en el hogar:

"Una de las paradojas más venenosas en la vida de una mujer ocurre cuando un hombre viene a ella, y él que probablemente quiere recuperar su simple

[7] Women and Sometimes Men

humanidad y descansar de dar lo mejor de sí. Así que la mujer tiende a olvidar el lado positivo de él, tomando la palabra de otros como un rumor, y acepta este peor lado como su experiencia normal de él...Mientras ella desea admirarlo, puede que le falte el conocimiento, y quizás la astucia para entender el lado con el que él gana el aclamo. Lo ve colapsándose en su hogar, acepta su necesidad a colapsar, y de hecho lo recibe con cada antena en alerta, y aun así se arrepiente de olvidarse de su superioridad. Desea atestiguar su grandeza, pero se ve forzada a encontrarse con su actitud de debilidad."

Cómo demuestran las mujeres su falta de amabilidad comprensiva

1. Descuido.

La queja más frecuente que obtengo de las mujeres es que se sienten descuidadas.Una chica comentó que su esposo pasaba la mayor parte del tiempo fuera de casa. Tenía varios hijos a los que sentía que cuidaba por sí sola, y que casi nunca veía a su esposo.

Pero tras investigar, descubrí que él pasaba la mayoría del tiempo trabajando. También planeaban tener una familia grande, y querían educaciones de lujo y otras metas elevadas para sus hijos. Así que el sintió que era esencial ganar mucho dinero al trabajar muchas horas. Era obvio que a ella le faltaba algo de simpatía por sus motivos.

Otra mujer se quejó de que su marido mantenía dos trabajos. Pasaba la mayor parte del tiempo afuera. Un día ella le dijo, "Solamente eres un salario para mí." Él se sintió bastante herido. Ella no se daba cuenta que él intentaba resolver algunos problemas económicos. Hay mujeres que se quejan de las actividades religiosas de sus esposos que requieren de varias horas a la vez. No entienden que los hombres simplemente están intentando cubrir sus obligaciones. Ayudaría si ellas les dijeran: "Preferiría obtener el diez por ciento de un hombre de cien por ciento, a obtener el cien por ciento de un hombre de diez por ciento."

2. Descuido de obligaciones domésticas.

Otra queja es que el hombre no poda el pasto ni hace reparaciones, no pinta, y no realiza otras tareas en el hogar. No siempre se les justifica por el estrés externo. Pero la tendencia de las mujeres a impacientarse demuestra su falta de comprensión.

3. Cómo se le recibe cuando llega a casa.

Luego está la mujer que recibe a su esposo en la puerta con problemas. Y permite que los hijos corran hacía él con sus propias quejas.

4. Inversiones.

Las mujeres que no entienden la lucha de un hombre por sustento y estatus tienden a discutir en contra del deseo de su marido de invertir, o de expandir su negocio, o quizás de cambiar de ocupación. Muchas veces el comentario dice, "Oh, tenemos todo lo que necesitamos ahora. Tenemos una casa que compramos, un buen carro y un buen salario para sobrevivir. Incluso tenemos dinero que ahorramos por adelantado." Luego podría añadir, "¿Por qué no estás contento?" o "¿Por qué quieres más?"

Puede que no esté consciente de que él puede ver más a futuro que ella, y logra visualizar más hijos, su educación universitaria, prendas de ropa más caras a medida que los hijos crecen, e incluso su disminución de productividad como el proveedor. Quiere hacer algo ahora y tener el dinero para este tipo de emergencias.

O también está el hombre que ya tiene riquezas. Su esposa podría preguntarse por qué nunca está satisfecho, o puede que piense que no es suficientemente rico y lo critica por sentirse orgulloso de su éxito.

La actitud apropiada

Debemos darnos cuenta de que el hombre tiene montañas que escalar, y ríos que cruzar, y quiere ganarse su lugar en el mundo de los hombres. No tiene la intención de descuidarte a ti o a sus hijos. Sólo está tratando de conquistar el mundo y traértelo a ti.

Y si pasa mucho tiempo innecesario fuera de casa, tal vez es porque lo has empujado a eso con tu actitud incomprensiva en algún momento.

Cuando un hombre vuelve a casa después del trabajo

Es de gran importancia que sepas cómo tratar a un hombre cuando llega a casa. Si tu esposo está bajo mucho estrés, te serviría de práctica enseñarle a tus hijos a que abracen a su padre al llegar. Y luego podrías llevarlo de la mano a la habitación. Haz que se recueste, quítale los zapatos y haz que se acomode. Pon música relajante y háblale en un tono suave. Permítele este momento de paz por un largo tiempo antes de llevarlo de vuelta con el resto de la familia. Él trabaja para proteger y resguardarte de todo peligro y carencia. Esta es la forma en que una mujer le otorga comodidad a su hombre.

Perdón

Otra manera de demostrar tu amabilidad comprensiva es ignorando muchos de sus errores desconsiderados. Los hombres tienden a fracasar en informarle a sus esposas que llegarán tarde a cenar. También olvidan cumpleaños y aniversarios. Mantendrán esperando a una mujer; no recuerdan un compromiso o alguna tarea que ella le haya pedido. Tu simpatía facilitará el perdón y removerá una piedra de su cuello.

Recompensas

No creas que él se aprovechará de tu amabilidad comprensiva. Este tipo de amabilidad se te regresa en duplicado. Y juega una parte en despertar el sentimiento sagrado de amor celestial en su corazón, como en la siguiente historia:

Historia de éxito

"Mi matrimonio ha sido verdaderamente maravilloso desde que empecé a aplicar los principios de esta filosofía. El otro día cuando mi marido llegó cansado del trabajo, le ofrecí algo de amabilidad comprensiva. Le hice sentir cómodo y lo traté como a un rey. Me sonrió directamente y dijo, "Cariño, por primera vez en casi siete años, siento mariposas en mi estómago cuando pienso en volver a casa."

Ejercicios

Dile: "Estoy empezando a comprender el peso de la responsabilidad que tienes de proveer para mi y tus hijos. Quiero que sepas que lo aprecio, y que lamento no haberlo hecho antes.

Quiero apoyarte a ti y cualquier plan que tengas para tu futuro. Creo que ahora entiendo algunas de las metas que intentaste compartir conmigo en el pasado."

Simpatía por el hombre desalentado

Te he dicho de la simpatía que debes tenerle a la vida de los hombres en general. Pero ahora quiero hablarte de su necesidad especial de simpatía cuando se siente desalentado.

Es muy común la tendencia entre los hombres de sentirse malhumorados, deprimidos, o desalentados. Ya sea grande o pequeño, éxito o fracaso, educado o ignorante, o cualquier grado entre estos, muy pocos hombres evitan esta sensación no placentera.

Hace muchos años, un abogado joven en el medio Oeste sufría de una depresión tan grande que sus amigos creían conveniente alejarlo de cualquier cuchillo o navaja. Este hombre joven escribió, "Ahora soy el hombre vivo más miserable. ¿Acaso mejoraré? No lo sé; presiento que nunca lo haré." Su nombre era Abraham Lincoln.

Una mujer tiene el poder de romper el hechizo de miseria en un hombre y restaurar su alma. El hombre presiente esto, por lo que acude a la mujer cuando más lo necesita.

Pero pocas mujeres conocen cómo ofrecer verdadera simpatía. No es que no lo intenten, sólo no saben cómo. Cometen todo tipo de errores; dicen lo que no deben y casi nunca lo apropiado. Su error más grande es el tratar de resolver sus problemas—de rescatarlo—de ofrecer sugerencias, o de ayudarlo a aligerar su carga, o de eliminar sus obstáculos. Estos son métodos incorrectos. Todas estas cosas herirán su orgullo.

Lo que necesita de ti no es ayuda práctica. Acude a ti para que sanes su alma, restablezcas su autoestima, y remuevas la duda que tiene en si mismo.

Cómo ofrecer simpatía

Acércate a él con calidez y cariño. El hacer esto debería ser suficiente para derretir su frialdad. Si te empieza a contar de sus problemas, déjalo. Si no, no lo fuerces porque podría estar escondiéndote sus fracasos. No intentes resolver sus problemas, aligerar su carga, o eliminar sus obstáculos directamente, y no le des consejos a menos que él sugiera que los quiere. Y aun así ofrécelos en una forma femenina—como explicaré en el siguiente capítulo.

Empieza por ofrecerle aprobación, esperanza y admiración, y lo hagas lo que hagas, no dejes que su miseria te contagie.

Sé entusiasta, esperanzadora, y segura; dile, "Este es un período oscuro que pasará. Mi creencia en el éxito de tu futuro es inquebrantable." Si sigue desalentado después de un rato, acéptalo, y hazle saber que se tome su tiempo para superar su decepción. Manténte feliz y optimista, pero no esperes una respuesta inmediata de él por tus esfuerzos.

Una de las funciones en una mujer es el ser el consuelo de su hombre—de ofrecer alegría y alumbrar sus días oscuros. No le falles cuando más lo necesita.

Puede que la cualidad de la verdadera simpatía sea rara en las mujeres, pero no necesita ser así. Debido a esto, el hombre aprende a sobrevivir sin ella—aprende a soportar por si mismo los buffets de el tiempo y las circunstancias. Naturalmente, su amor por la mujer se ve afectado negativamente.

Es interesante notar que cuando una mujer se siente desalentada, acude a su hombre—esperando que le ayude a resolver sus problemas, a aligerar su carga, y a eliminar sus obstáculos. Esto es normal ya que él es su líder, guardián y proveedor. Pero los hombres no quieren este tipo de simpatía de sus mujeres. Esta diferencia en el comportamiento entre hombres y mujeres es justamente la razón por qué es tan difícil para una mujer entender el tipo de simpatía que un hombre busca.

Cuando un hombre fracasa

Cuando un hombre fracasa en su negocio o en cualquier parte de su papel como hombre, se vuelve una crisis dolorosa en su vida. No solamente sufre por el fracaso en sí, sino el miedo de humillarse ante su esposa.

Si es fracaso es financiero, y si esta pérdida requiera rebajar su forma vivir, entonces le entra un miedo aún más grande. *Su necesidad de proteger a su esposa le ocasiona el miedo a causarle inconveniencias o incomodidad a su esposa.*

Entender lo que él sufre en esos momentos es un paso vital en nuestra habilidad para comprender a los hombres. Y saber cómo responder a esto es un arte necesario al convertirnos en Angela Humana. Podemos encontrar una ilustración de la agonía de un hombre en una ocasión, y la respuesta maravillosa que obtuvo de su mujer en el ensayo de Washington Irving, "La Esposa."[8]

La Esposa

"Mi amigo más cercano Leslie se casó con una muchacha hermosa y hábil quien había sido criada dentro de una vida con estilo. Es verdad que no tenía fortuna alguna; pero la que tenía mi amigo era bastante, y disfrutaba de la anticipación de concederle su búsqueda por la elegancia, y entregarle sus gustos y caprichos delicados que irradian un tipo de brujería sobre el sexo (femenino). 'Su vida," dijo él, "Será como la de un cuento de hadas.'

La diferencia entre sus personalidades produjo una combinación armoniosa—el era de un tipo romántico y algo serio; ella era toda vida y alegría. Notaba frecuentemente el arrebato silencioso con el que la miraba al acompañarla, y los poderes vivaces que la

8 The Wife

convertían en su placer; y cómo entre aplausos la mirada de ella se dirigía hacia él como si buscara simplemente apoyo y aceptación.

Cuando ella se apoyaba en su brazo, su figura delgada contrastaba con la de su hombre alto y masculino. El cariño que le daba aliento con el que ella lo admiraba parecían brindarle una ola de orgullo triunfal y cariño afectuoso como si él dotara su carga amorosa por su impotencia. Nunca una pareja se ha encaminado en una trayectoria llena de flores que es la del matrimonio joven y correspondido con un prospecto de felicidad tan hermoso.

Sin embargo, fue la desfortuna de mi amigo el haber embargado su propiedad dentro de grandes especulaciones; y no había estado casado por tantos meses cuando, por una sucesión de desastres repentinos, se la quitaron, y se vio a si mismo ser reducido a la penuria. Se guardó esta situación a si mismo durante un tiempo, y vivió con un semblante demacrado y un corazón roto. Su vida no era más que una agonía prolongada; y lo que la volvía más insoportable duela necesidad de sostener una sonrisa en la presencia de su esposa; ya que él no se atrevía a abrumarla con tales noticias.

Mas ella vio con la mirada rápida de afecto que algo había en él que no estaba bien. Observó su apariencia alterada y suspiros ahogados y no era engañada por sus intentos insípidos y enfermizos de verse alegre.

Conjuró todos sus poderes vivaces y halagos cariñosos para ayudarle a recuperar su felicidad; pero solamente enterró la flecha más profundamente en su alma. Entre más veía él razones para amarla, más lo torturaba el pensar que pronto la haría desdichada.

Un poco más, pensó él, y esa sonrisa se desvanecerá de esa mejilla—la canción morirá en esos labios—el brillo de esos ojos se llenarán de miseria; y el corazón alegre que palpita en ese pecho se destrozará como el mío, con los cuidados y miserias del mundo. Un día él vino a mí, y me contó su situación con la desesperación más profunda.

Después de escucharlo le pregunté, '¿Tu esposa sabe todo esto?' Rompió a llorar en agonía al escuchar mi pregunta. '¡Por Dios!' gritó, 'si me tienes algo de lástima, no se lo mencionarás a mi mujer; ¡el pensar en ella es lo que me está volviendo loco!' '¿Y por qué no?' le pregunté. 'Tiene que enterarse tarde o temprano; no se lo puedes esconder por mucho tiempo, y la astucia le llegará de forma más alarmante que si tú se la impartieras; ya que el énfasis de los que amamos suavizan la noticia más severa.

Además, te estás deprivando de la comodidad de su simpatía; y no sólo eso, pero también pones en peligro el único lazo que mantiene sus corazones juntos—la comunidad sin reservas de pensamiento y sentimiento. Pronto percibirá que un secreto te carcome por dentro; y el amor verdadero no soportará la reserva; se siente subestimado e indignado cuando las penas de aquellos que amamos se nos ocultan.'

'¡Pero, mi amigo! Sólo el pensar el golpe que le daré a todos sus prospectos—¡cómo destrozaré su alma contra el suelo al decirle que su esposo es un vagabundo! Que debería olvidar todos los lujos de la vida—todos los placeres de la sociedad—¡que se hunda conmigo en la indignación y obscuridad! Decirle que la he arrastrado fuera de la esfera en donde podría haber seguido moviéndose en constante alegría, ¡la luz de todo ojo, la admiración de todo corazón! ¿Cómo podría soportar la pobreza?

Ella ha crecido con todos los refinamientos de la opulencia. ¿Cómo soportará el descuido? Ha sido el ídolo de la sociedad. ¡Oh! Esto le romperá el corazón—¡le romperá el corazón!'

Después de mucha paciencia, el amigo finalmente convenció a Leslie de ir a casa y desahogarse con su esposa. La mañana siguiente el amigo estaba ansioso de saber el resultado. Preguntando, se enteró de que Leslie había hecho el anuncio.

'Y, ¿cómo lo tomó?' '¡Como un ángel! Parece que fue un alivio para su mente, ya que colocó sus brazos alrededor de mi cuello y preguntó si esto era lo que me había mantenido tan infeliz últimamente. Pero, ¡pobre chica!' agregó, '¡No se da cuenta de el cambio al que nos someteremos. Sólo tiene una idea abstracta de la pobreza; sólo lo que ha leído en la poesía donde se alía con el amor.

'Aún no siente la miseria; aún no sufre la pérdida las conveniencias ni de los lujos a los que está acostumbrada. Cuando experimentemos las consecuencias sórdidas, las miserables carencias, las humillaciones mezquinas, entonces será el verdadero reto.'

Algunos días después me visitó durante la noche. Se había desecho de su vivienda y consiguió una cabaña en el campo, a algunos kilómetros del pueblo. Estuvo ocupado todo el día enviando muebles. El nuevo establecimiento requería algunos artículos simples.

Iba en camino a la cabaña donde su esposa había vigilado su arreglo durante el día. Me interesé intensamente en el progreso de esta historia familiar, y ya que era de noche, me ofrecí a acompañarlo. Él se encontraba cansado de las fatigas del días, y mientras caminaba se hundió en un arranque de pensamiento melancólico.

'¡Pobre Mary!' dijo repentinamente con un suspiro triste que escapó de sus labios. '¿Qué hay con ella?' pregunté, '¿Ocurrió algo con ella?' '¿Qué?' dijo él aventándome una mirada de impaciencia; ¿Es que no es nada el ser reducido a esta situación miserable—el estar enjaulado en una mísera cabaña—el estar obligado al esfuerzo en los asuntos serviles de su habitación desdichada?'

'¿Entonces se enfadó con el cambio?' '¡Enfadarse! No ha sido nada menos que amabilidad y buen humor. Realmente parece más alegre de lo que la he visto jamás; ¡ha sido todo amor, cariño y consuelo para mí!' '¡Qué chica tan admirable!' exclamé. 'Tú te dices ser pobre, mi amigo; nunca fuiste tan rico—nunca supiste de los tesoros eternos de excelencia que posees en esa mujer.'

'¡Pero, mi amigo, si esta reunión en la cabaña fuera nuestra última, me sentiría más cómodo. Pero este es su primer día de verdadera experiencia; ha sido presentada a una vivienda humilde; ha estado todo el día empleada en arreglar sus equipos miserables; ha conocido por primera vez las fatigas del trabajo doméstico; ha visto por primera vez un hogar deprivado de toda elegancia—casi todo es conveniente; y ahora puede que se encuentre sentada, exhausta y sin ánimos, meditando sobre el prospecto de un futuro de pobreza.'

Había un grado de probabilidad en esta imagen que no podía contradecir; así que caminamos en silencio. Luego llegamos a la carretera. Una vía estrecha, tan rodeada de árboles como para darle un aire de soledad, y vimos la cabaña a lo lejos. Era tan humilde en apariencia como para el poeta más campesino; y aún así tenía un apesto rural. Una vid salvaje había invadido un extremo con una profusión de follaje; algunos árboles echaban sus ramas elegantemente sobre ella; y noté varias macetas con flores acomodadas cerca de la puerta con buen gusto, y también sobre el pasto de enfrente.

Una reja pequeña de postigo se abrió sobre un paso cubierto de arbustos hacia la puerta. Mientras nos acercábamos, escuchamos música. Leslie tomó mi brazo, nos detuvimos a escuchar. Era la voz de Mary, cantando en un estilo tan emocionalmente simple, un semblante del cual Leslie y yo sentíamos cariño. Sentí la mano de Leslie temblar sobre mi brazo. Avanzamos para escuchar mejor. Sus pasos hicieron ruido sobre el camino de grava.

Un rostro brillante y hermoso miró por la ventana y desapareció, se escucharon pasos ligeros, y Mary se tropezó al encontrarse con nosotros. Vestía un bello vestido blanco rural; algunas flores silvestres se enredaban en su cabello fino; un pétalo fresco se posaba en su mejilla; todo su semblante se encontraba lleno de sonrisas—Nunca la había visto tan linda.

'Mi querido Leslie,' gritó ella, '¡Me alegra tanto que hayas llegado! Te estuve esperando, y corría hasta la vía buscándote. ¡Preparé una mesa bajo un árbol precioso atrás de la cabaña; y he estado colectando algunas fresas deliciosas porque sé cuánto te gustan—y tenemos una crema excelente—y todo es tan dulce y callado aquí! ¡Oh!' dijo ella mientras entrelazaba su brazo con el de él, y mirando su rostro con alegría—'oh, seremos tan felices.'

El pobre Leslie estaba tan abrumado. La atrajo a su pecho, la rodeó con sus brazos, la besó una y otra vez; no podía hablar, pero las lágrimas brotaron de sus ojos; y me ha asegurado varias veces que aunque el mundo ha sido próspero para él, y su vida ha sido una feliz, nunca ha experimentado un momento de felicidad más exquisita."

Esta historia de Washington Irvin es una ilustración del sufrimiento intenso que un hombre pueda experimentar cuando se enfrenta al desastre económico. La respuesta de Mary fue celestial, y es un ejemplo de nuestro ideal de Angela Humana.

Puede que una mujer tenga que enfrentarse a una vivienda menos atractiva que una cabaña en el bosque. Digamos que es una casa extremadamente no atractiva en una ciudad sobrepoblada o en un campo desierto y solitario. Pero estos extremos sólo incrementan el aprecio de un hombre cuando su esposa acepta sus circunstancias humildes con la actitud de Mary—así brindándole consuelo y simpatía pura.

Ejercicios

1. Di, "Estoy empezando a comprender el peso de la responsabilidad que tienes al proveer para mí y para

tus hijos. Quiero que sepas cuánto lo aprecio, y que lamento no haberlo hecho antes."

2. Si se siente desalentado o deprimido, acércate como he sugerido, con un espíritu de optimismo y alegría, sugiriendo algo como esto: "Este es un período oscuro que pasará. Estoy segura que sabrás superar tus problemas y desaliento."

Capítulo 7

El papel de un hombre en la vida

El deseo de un hombre de tener éxito en su papel como hombre

Cuál es el papel de un hombre? Es el ser guía, guardián, y proveedor para su esposa e hijos. Este es su papel natural y le pertenece por derecho.

1. *Guía:* Un hombre sabio enfatizó la posición honorable de un padre en el tiempo: "No hay autoridad más alta en los asuntos relacionados a la organización familiar que la del padre."

2. *Guardián:* Cuando comparamos el tipo de cuerpo de un hombre y su fuerza muscular superior con la estructura vulnerable de una mujer, no podemos negar que el hombre fue creado para protegerla. Hay muchos peligros en el mundo, y necesitamos protegernos de los peligros tanto físicos como emocionales.

3. *Proveedor:* El hombre es el más apropiado para ser el proveedor primario. Es físicamente más fuerte, y no

es tan bueno realizando tareas múltiples o criando a los hijos como una mujer.

La habilidad natural de un hombre

No sólo se le fue asignada al hombre la responsabilidad de liderar, proteger y proveer a su familia—pero también se le dio la habilidad natural de cumplir con esta tarea. Fue creado para lidiar con el estrés y luchas del mercado, tiene la facilidad de tomar decisiones difíciles, y fue bendecido con fuerza y resistencia para proteger a su familia de todo daño. La mujer fue creada para lidiar con otro tipo de luchas y resistencia—muy diferente a la de los hombres.

El compañerismo

Muchas veces escuchamos la frase, "El matrimonio es una relación de compañerismo." Pero, ¿qué tipo de compañerismo? No es un compañerismo equitativo ya que el papel del hombre consiste en ser guía, guardián, y proveedor, mientras que el de la mujer consiste en ser la esposa, madre, y ama de casa amorosa. El hombre y la mujer no son compañeros en la maternidad o en el mantenimiento de la casa. Si lo pensamos bien, aunque ambos roles son igual de importantes, no son iguales en responsabilidades.

En "El matrimonio para modernos"[9], escrito por Henry A. Bowman, este compañerismo es tan

[9] Marriage for Moderns

equitativo como una llave y cerrojo. Nos dice que el hombre y la mujer son como una llave y un cerrojo en el sentido que juntos forman una unidad funcional. "Juntos pueden lograr algo que ninguno lograría si actuara por si solo. Ni se puede lograr con dos cerrojos o dos llaves. Cada uno es distinto; mas ninguno está completo por si mismo. Sus papeles no son ni idénticos ni intercambiables. Ninguno es superior al otro, ya que ambos son necesarios. Son igual de importantes. Cada uno debe ser juzgado por sus propias funciones. Se complementan." Entonces, el matrimonio es un compañerismo que se complementa.

El deseo ardiente de un hombre

¿Qué debemos comprender del papel de un hombre si nos vamos a convertir en Agnes? Debemos entender su deseo de tener éxito en su papel como hombre.

He marcado los pasos a seguir para comprender a un hombre:

1. Aceptación
2. Admiración
3. Orgullo
4. Amabilidad comprensiva
5. El deseo de superioridad en su rol masculino

El hombre como guía

En toda organización se designa un líder para encabezar, ya sea capitán, gobernador, o presidente. Esta es una situación de ley y order. Por lo tanto, la familia, un grupo de seres inteligentes, debe tener una organización o se desatará el caos. No importa que tan grande o pequeña sea una familia, aún si sólo es un hombre y su mujer debe haber un líder.

El papel de una mujer en el liderazgo

La mujer si juega una parte importante en el liderazgo, pero es una parte muy femenina. No debería ser una lucha innecesaria para ella.

1. *La visión femenina.* Las mujeres son fuentes de sabiduría y visión o intuición que es única para su género. También tienen una perspectiva única—una perspectiva femenina—sobre las actividades de su marido que ninguna otra persona tiene. Por lo tanto, su "intuición femenina" tendrá más valor cuando se necesite desesperadamente.

Mumtaz, reina del Taj Mahal, jugó una parte en el liderazgo de su hombre. Tenía una buena educación, y era la hija del Primer Ministro. "Su esposo consultaba con ella muchos de los problemas técnicos del gobierno."

2. *Impulso femenino.* ¿Deberías ofrecer tu intuición cuando no te la piden? Si sientes el impulso de hacerlo,

entonces es recomendable. Puede que tu opinión resuelva una crisis, pero exprésala del siguiente modo:

Cómo dar consejos femeninos

Ofrece consejos como si fueras una "fuente" que burbujea en el parque. Alguien puede tomar tanto como desee, o puede elegir admirar su belleza desde lejos. Usa el método de "Tómalo o déjalo" y permite que él beba tanto como guste. Utiliza las palabras, "Ami parecer," o "Yo creo," ya que son indicadores de visión.

No insistas ni intentes convencerlo ni expliques por qué sientes que es lo correcto. Y recuerda no hacer nada de lo siguiente:

1. *No aparentes saber más de lo que él sabe.* No dibujes un plan para que él lo siga, analice su situación o decisiones, ni hagas muchas sugerencias.

2. *No seas como una madre.* No tomes la actitud de, "He aquí un pobre niño en el mundo a quien no le va bien, y yo debo rescatarlo y ayudarlo."

3. *No hables de hombre a hombre.* No analices la situación como lo hacen los hombres, y colócate en un plano igual al de él. No digas, "Creo que ya sé dónde está el problema," o, "¿Por qué no hacemos esto o aquello?" o "Saquemos algunas conclusiones."

Cada vez que des un consejo femenino recuerda: Hazlo sentir validado en su papel como líder.

El papel secundario de una mujer

Cuando un hombre es dominante y la mujer está de acuerdo con sus ideas de liderazgo, la armonía dentro del matrimonio se facilita. Pero este no es siempre el caso. A continuación hay algunos problemas que podrían ocurrir:

1. *Cuando la mujer está en desacuerdo.* ¿Cómo puedes apoyar una idea con la que no estás de acuerdo? Recuerda esto: No estás apoyando la idea—pero el hombre que la propone. Haces esto como si apoyaras a un presidente, o un director, o a un inspector que reacciona en contra de tu opinión.

Podrías decirle a tu esposo, "No estoy de acuerdo con tu plan, pero quiero que sigas tus propias convicciones, y te apoyaré sin importar las consecuencias." Luego, si decide seguir su propia opinión, elogia su masculinidad al decirle, "Me alegra que tengas el valor de seguir tus convicciones y hayas hecho lo que consideraste era lo mejor."

Las mujeres tienden a estar en desacuerdo con sus hombres. ¿Por qué? Puede que teman que sus maridos pierdan su dinero, o fracasen en los negocios, o se metan en problemas. O puede que le teman al arrepentimiento, la decepción, o a la infelicidad. Y sin embargo, ¿qué hombre ha logrado escalar una montaña sin correr riesgo? ¿Qué hombre ha tenido éxito sin haber experimentado el fracaso? Examinemos la racha de éxito que tuvo Abraham Lincoln.

Cuando era joven se postuló como legislador de Illinois y fue derrotado. Luego se dedicó a los negocios y fracasó, y pasó diecisiete años de su vida pagando las deudas de una pareja que no lo merecía. Al dedicarse a la política, se postuló para el Congreso y fue derrotado. Luego intentó obtener una cita con la Oficina de Tierras en los Estados Unidos pero fracasó. Se convirtió en candidato para el Senado de los Estados Unidos y fracasó de nuevo. En 1856, se volvió candidato a la vicepresidencia y una vez más lo derrotaron. En 1858, perdió la elección contra Douglas. Sin embargo, eventualmente alcanzó el logro más difícil de alcanzar en la vida pública estadounidense—la presidencia de los Estados Unidos. La vida de un hombre exitoso se verá mezclada con tanto fracaso que ocasiona que vean al fracaso como un obstáculo necesario en el camino al éxito.

Para superar tus miedos, debes tomar una actitud de disposición a tomar riesgos. Atrévete a tomar riesgos, y concédele la libertar de cometer errores si es necesario. No pases mucho tiempo pensando en el resultado de sus decisiones, mejor bloquéalos de tu mente y confía en él como una niñita. Vale más la pena un matrimonio feliz que el éxito material.

2. *Cuando un hombre está indeciso*. ¿Cómo puedes apoyar a un hombre cuando este no puede decidirse? Algunos

hombres van de un lado a otro porque esa es su naturaleza. Son cuidadosos y eligen tomar esta ruta para tomar decisiones. De ser así, deberían tener la libertad de ser ellos mismos y de ser aceptados "tal como son."

Aunque a veces se trata de un miedo en particular que significa un obstáculo, uno que la mujer debe entender. Puede ser un miedo a que la decisión ponga en peligro la seguridad o consuelo de su familia, como es el caso de un hombre regresando a la escuela para obtener una educación más alta, o el cortar gastos para expandir su negocio. En este caso, la esposa debería alentar esta decisión al asegurarle que ella está dispuesta a hacer este noble sacrificio.

Otras veces él está indeciso porque le teme a la pérdida de dinero, prestigio, o al fracaso. Puede que quiera proceder con su plan, pero le falta el valor para hacerlo. Si sus miedos no tiene base, deberías restablecer su seguridad al estimular su ego. Asegúrale que sí tiene las habilidades y cualidades que en el momento él sienta que no posee. Sé del caso de una mujer que cometió este error. El hombre estaba a punto de hacer un cambio en su negocio y en su hogar, pero se empezó a distraer al último momento. Él quería proseguir, pero miedos de todo tipo lo obstaculizaron. Como esfuerzo para alentarlo, su esposa le dijo, "¿Por qué estás dudando? No hay nada que temer."

Debió haber dicho, "Cariño, sé cómo debes sentirte. Hay muchos problemas y factores que no conocemos a tomar en cuenta. Realmente tienes una razón para dudar. Si fuera yo, se me dificultaría mucho tomar una decisión tan grande. ¿Cómo soportas la responsabilidad de ser hombre?"

Tal docilidad de su parte podría haber despertado su heroísmo y él podría haber dicho, "No es tan difícil; creo que puedo manejar la situación."

Cuando le aconsejes o lo apoyes recuerda: hacerlo sentir validado como líder.

Cuando la mujer se pone en su camino

Dificultades graves pueden ocurrir en el matrimonio cuando una mujer "actúa con firmeza" y se rehúsa a seguir el liderazgo de su marido.

Hace años conocí a una mujer que se rehúsaba a mudarse de la comunidad en donde ella y su esposo vivían porque podría ser poco ventajoso para sus hijos. El hombre estaba extremadamente decepcionado, ya que el consideraba que el mudarse le daría una ventaja para su ocupación. Él no se volvió exitoso en la comunidad donde permaneció, y sentía que si se hubiera mudado su vida hubiera sido mejor.

Se sintió frustrado. Debido a esto empezó a resentir a su esposa y discutían sobre asuntos triviales. Ella pensó que la mudanza dañaría sus hijos, pero les ocasionó una injusticia más grande al crear un hueco en su matrimonio.

Otra razón por la que una mujer se pone en el camino de su hombre es por su miedoal fracaso.

Quiero recordarte una vez más de las recompensas que vendrán a ti al convertirte en Angela Humana. En ocasiones podría parecer que se requiere el esfuerzo y cambios drásticos. Pero recuerda que estás aprendiendo a convertirte en una Mujer Fascinante—el tipo que un hombre quiere, y el tipo que fuiste diseñada para ser. Como resultado, te ganarás su amor celestial. ¿Acaso esto no la vale la pena darle toda tu determinación? Las glorias más grandes no se ganan sin esfuerzo. Las siguientes historias de éxito te demostrarán tales recompensas:

Historia de éxito

"Después de aprender sobre la mujer fascinante, decidí mantenerme alejada del liderazgo de mi esposo sobre nuestros hijos. El otro día nuestro hijo quería jugar con otros niños en el parque. Su padre dijo, '¡No!' Vino llorando a mí pero le dijo que dependía de su padre si podía ir o no. Después de un rato, mi esposo acudió a mí y me preguntó si yo pensaba que debíamos darle permiso, y le contesté, 'Es tu decisión.' Al final le dio permiso y el resto del día fue feliz. Si no hubiera honrado su liderazgo hubiera terminado con todos nosotros enojados y sin hablarnos entre nosotros."

Historia de éxito

"Me había esforzado por obtener todo lo que quería de mi matrimonio (grande y pequeño), pero sin ningún resultado. Una mañana nos fuimos de vacaciones con nuestros hijos y yo quería ir a la estética de la esquina para estilizarme el cabello. Mi esposo dijo, '¡No! Tenemos que irnos inmediatamente,' (No teníamos prisa.) Le dije, 'Sólo tomará diez minutos,' pero aún así dijo que no. Sólo que esta vez honré su palabra y nos fuimos. Me sentí resentida y amargada en el camino.

Luego empecé a razonar conmigo misma, sabiendo que debo honrar su liderazgo, aceptarlo como es, y enfocarme en su lado positivo. Me dije, 'Si a él no le importa cómo me veo, ¿por qué debería importarme a mí? Él es la persona más importante en mi vida. Pronto me relajé, me volví más alegré, y comencé a visitar junto a él. (Era un esfuerzo.) Luego sucedió algo sorprendente: En cuanto llegamos a nuestro destino, él condujo hasta un salón de belleza y dejó esperando a la familia en el auto mientras a mí me estilizaban el cabello. Él nunca ha hecho algo así." Ella contó con lágrimas en sus ojos.

Capítulo 8

El hombre guardián

El deseo del hombre de ser tu guardián

Cuando pensamos en el hombre natural, podemos observar que él fue creado para ser el guardián de su esposa e hijos. El hombre es más grande, tiene músculos poderosos, y tiene más resistencia física que la mujer. Por otro lado, la mujer es más vulnerable y más débil físicamente.

A los hombres les *gusta* sentirse valientes, fuertes y capaces, ya que así sienten su virilidad moviéndose dentro ellos. Por lo tanto, los hombres disfrutan proteger a las mujeres. Los hombres tienden a revelar este deseo de interno de protección cuando se enamoran.

John Alden reveló su deseo de proteger a Priscilla cuando dijo, "Aquí he de quedarme por su bien como una presencia invisible flotando a su alrededor por siempre, protegiendo y soportando su debilidad."

Victor Hugo dio a conocer su deseo cuando dijo, "Mi obligación es quedarme cerca de sus pasos, de rodear su existencia con la mía, de actuar como una barrera contra todo peligro; de ofrecer mi cabeza como un escalón, de colocarme incesantemente entre ella y sus penas...is tan sólo ella consintiera a apoyarse en mí durante los tiempos difíciles."

¿Por qué necesitan protección las mujeres?

Las mujeres han necesitado protección durante todas las eras históricas contra los peligros, el trabajo agotador, y las dificultades de la vida. En la historia temprana de nuestro país, las mismas condiciones en que la gente estaba forzada a vivir hacían necesaria la protección masculina. Había peligros por doquier. Las bestias salvajes y las hierbas silvestres indomables creaban situaciones donde se necesitara la fuerza y habilidad masculina. Tal protección ofrecida por los hombres les hacía sentir heroicos y valientes. Aunque nuestra situación hoy en día sea totalmente diferentes, las mujeres aún necesitan protección, y el ofrecerla aún hace que los hombres se sientan heroicos.

La protección necesaria hoy en día

1. *Peligros.* El gran peligro hoy en día es el asalto sexual, y conectado a este, la amenaza que constituye la vida misma. Muchos de nosotros estamos conscientes del número trágico de casos que han ocurrido. Este es un verdadero peligro para todas las mujeres, y uno que al que honestamente necesitamos enfrentarnos.

También existen peligros inexistentes que una mujer verdaderamente femenina enfrenta, los cuales, si bien entretienen al hombre, despiertan su sentido de caballerismo. Estas son cosas como rayos, truenos, y sonidos extraños. Nadie niega que estos son peligros posibles, pero ciertamente son improbables. Y hay criaturas pequeñas como los ratones y las arañas que mandan a las mujeres saltando sobre una silla para protegerse. No importa si el peligro es real o no. Si la mujer *piensa* que es real, necesita protección, y el hombre sólo está demasiado ansioso por otorgarle esa protección y calmar sus miedos.

2. *Trabajo agotador.* Debido a la estructura física femenina, la mujer necesita protección del trabajo agotador. Pintar la casa, cargar objetos pesados y mover muebles pesados requieren más fuerza que la mujer común tiene sin perjudicar su salud o encanto femenino.

3. *Dificultades de la vida.* La mujer, en su papel femenino, tiene muchas dificultades que debe encarar por si sola. Tales cosas como desalientos de las tareas domésticas, errores en el manejo del hogar, problemas en el cuidado de los niños y las decepciones de la vida son enfrentadas en silencio y con gran valentía por las mujeres con verdadero carácter. Sin embargo, hay otro tipo de dificultades en las cuales necesita de la protección masculina. Me refiero a los problemas financieros, acreedores agresivos, gente irritable,

severa u ofensiva, y gente que hace demandas irracionales. ¡Ella necesita esta protección!

¿Están las mujeres protegidas?

¿Estarán las mujeres protegidas de los peligros, el trabajo agotador y las dificultades de la vida en el presente? Echemos un vistazo.

Vemos mujeres que caminan solas por la calle durante la noche. Algunas viajan largas distancias sin un hombre presente. Una emergencia donde se descomponga su auto las coloca en la presencia de hombres peligrosos. Algunas se aventuran bajo una tormenta o en la oscuridad, y algunas matan sus propias arañas, ratones e incluso serpientes.

Y ¿están protegidas de las tareas agotadora? Vemos mujeres construyendo cercas, acarrean o arena, reparando automóviles y equipo pesado, reparando el tejado, haciendo carpintería, y otras muchas tareas masculinas. ¿Están las mujeres protegidas de las dificultades? No siempre. Las mujeres normalmente "¡van a la batalla!" Las vemos encarando acreedores, vendedores molestos, y caseros ofensivos. Los siguientes ejemplos nos ilustrarán:

Enfrentando dificultades

Un hombre construyó un mercado grande y se convirtió en un éxito. Una cadena de supermercados construyó una tienda cruzando la calle, y debido a los precios competitivos, su mercado dejó de generar ganancias. El hombre se deprimió tanto que decidió irse a dormir mientras pensaba en el asunto. Su esposa fue hasta la tienda, se enfrentó a los acreedores, y peleó la lucha financiera de él.

Dificultad

Una pareja compró una casa que debía estar vacía en una fecha específica. Cuando llegó el momento de mudarse, los dueños anteriores se rehusaron a irse.La esposa enfrentó el problema al llamarlos por teléfono varias veces, pero ellos siempre se resistían. Finalmente, el dueño anterior dijo, "Permaneceremos aquí hasta que nuestro nuevo hogar esté listo, y no hay nada que puedas hacer para obligarnos, a menos que quieras ir a juicio." La severidad del inquilino y las circunstancias difíciles hicieron que la esposa llorara. Su marido no hizo nada, y ella continuó la bata hasta que se mudaron.

Dificultad

Otra pareja planeaba mandar a construir una casa, y buscaron el consejo de un contratista sobre los planes de su casa. Él pasó muchas horas ayudándolos—pero cuando buscaron ofertas, optaron por otro contratista. Tanto el hombre como la mujer tenían miedo de enfrentar al primer contratista y contarle de su decisión. La esposa terminó enfrentando esta dificultad.

¿Por qué existe esta falta de caballerosidad? Existe por una falta de entendimiento.

El razonamiento de una mujer

La mujer no ha entendido propiamente al hombre. No se ha dado cuenta de que él disfruta de protegerla. Puede que el miedo a imponerse le haga dudar de apoyarse en él. En algunas ocasiones, puede que ella incluso rechace esta caballerosidad. Normalmente hace cosas por si sola pensando que él la apreciará. Y él motiva esta ceguera al agradeciéndole, aunque realmente no lo aprecia. Ella gradualmente aprende a sobrevivir sin el cuidado del hombre. ¿Debería sorprenderle que cuando realmente necesita de caballerosidad, él la retenga?

El razonamiento de un hombre

Cuando él se casó, pensaba que las mujeres dependían naturalmente del hombre. Pero notó que su esposa comenzó a hacer muchas cosas por si sola. ¿Por qué? No podía comprender por qué. Ella no parecía ser la verdadera mujer femenina que necesitaba protección masculina. Así que él la retuvo ya que parecía ser innecesario. Entonces la falta de caballerosidad se desarrolló porque:

Las mujeres se han vuelto tan capaces que han hecho innecesaria la protección masculina.

¿Por qué deberíamos volver a la caballerosidad?

Parecería que el hombre no disfruta proteger a la mujer ya que raramente se molesta por ofrecer sus servicios. Y no parece que la mujer necesita de él porque es capaz de "matar a sus propias serpientes." ¿Por qué no mantener la situación? ¿Por qué regresar a la caballerosidad?

Si lo investigas, te darás cuenta de que ni el hombre ni la mujer disfrutan de esta situación, ya que ambos están siendo robados de un elemento esencial para su felicidad. Al hombre se le roba de su sentido de superioridad, y a la mujer de su encanto femenino.

Por qué es esencial la caballerosidad

1. Proteger a una mujer ocasiona un descubrimiento emocionante de la masculinidad. Él se siente como un hombre viril.

2. Si has de convertirte en Angela Humana, debes convertirte en la criatura femenina que fuiste diseñada para ser. Puede que estés de acuerdo en que la caballerosidad es necesaria, pero, ¿cómo la despiertas en un hombre?

Cómo despertar la caballerosidad

1. Al hacerlo sentir validado como tu guardián. Admira su fuerza superior, habilidad, y cualidades protectivas.

2. Al adquirir la cualidad de la feminidad, lo cual es una característica humana.

El objetivo de este capítulo es concentrarnos en el primer método. Los siguientes ejemplos ilustran su efecto:

Historia de éxito — Admirando lo viril

El siguiente ejemplo ilustra cómo se puede ganar la caballerosidad: Un hombre empezó a remodelar la cocina de su esposa, pero al terminar la mitad, se detuvo. Ella intentó de muchas maneras para persuadirlo a terminar el trabajo, pero no le rindió frutos.

Luego aprendió esta filosofía al leer *La mujer fascinante,* y dijo: "Te admiro por disponerte a realizar una tarea tan *monumental* como remodelar la cocina. No conozco a otro hombre que pudiera intentar un trabajo tan enorme y agotador. Sólo le llamarían a un carpintero. Tienes un corazón tan masculino." Eso fue todo lo que le dijo aquel día.

Al día siguiente, ella habló con su hermana mientras él podía escucharlas, "¿Viste que toque tan hermoso logró mi marido en este gabinete? Tiene un gran talento para trabajar con madera." Eso fue todo lo que dijo.

¿El resultado? Al cabo de tres días continuó con el trabajo de remodelación, y terminó la hermosa cocina en poco tiempo. Es importante entender por qué paró. Fue porque su esposa lo obligaba a completarla. Se rehusó a continuar como medio para defender su libertad. Pero cuando ella dejó de hostigarlo, y utilizó el método de la admiración, despertó su caballerosidad.

El objetivo de este capítulo: Hazlo sentirse superior en su papel como guardián, y al hacerlo despertarás su caballerosidad.

Ejercicios

Dile: "Me alegra que exista un hombre que me proteja. Sería muy difícil ir por la vida sin ti."

Capítulo 9

El hombre proveedor

Su deseo de proveer

El hombre ha sido reconocido como el proveedor desde el inicio de los tiempos, mientras que a la mujer le corresponde dar a luz.

Pero en el presente un hombre no puede ser considerado como el único proveedor. Las estadísticas de 1964 del presidente del comité del Estatus de la Mujer reportan que ahora uno de cada tres trabajadores en la economía estadounidense son mujeres. Al cumplir 20 años, ocho de cada diez muchachas trabajarán en empleo remunerado o habrán trabajado anteriormente por un salario. Es una generación de mujeres trabajadoras.

Muchas de las mujeres trabajadoras en el presente se encuentran casadas. ¿Habrá algún daño causado por una esposa trabajadora? Si ella lo disfruta y puede manejarlo eficientemente junto con su vida doméstica, ¿podría dañarse a ella misma o a su familia? Muchos hombres incluso impulsan a sus mujeres a trabajar. Si tanto el hombre como la mujer aprueban esta idea, entonces, ¿no debería continuar ella? Quizás. Cada caso es diferente.

Ejercicios

Dile que estás feliz por lo duro que trabaja para cuidar de ti y tu familia. Busca formas de ser específica. De esta manera le ayudarás a sentirse validado como hombre.

Formas de hacerlo sentir validado

Respeta su posición como líder, guardián y proveedor, y defiéndelo cuando sea necesario enfrente de los hijos. No compitas deliberadamente contra él en asuntos que requieran de fuerza o habilidad masculina.

Necesítalo. Demuestra tu necesidad femenina si debes enfrentarte a una responsabilidad masculina.

Confía en él como una niñita. No dudes de su habilidad de guiarte por la vida mientras te mantiene a salvo, a menos que debas pensar lo contrario.

Sé femenina. Cuando te comportes más como una mujer, él se sentirá más como hombre.

Capítulo 10

Conviértelo en tu prioridad

Un hombre quiere a una mujer que lo colocará al principio de su lista de prioridades—no en segundo lugar, sino en primero. Quiere saber que será la persona más importante en tu vida. Él no quiere ser la música de fondo para otros intereses y sueños de ella.

¿Cuántas mujeres crees que le otorgan este honor a los hombres? ¡Algunas lo hacen! También hay otras prioridades como las siguientes:

1. *Los hijos*. Por ejemplo: Una mujer era la madre de una familia grande. Cualquiera que la conociera la admiraba como la madre modelo. Pero su esposo solamente parecía ser un accesorio. El centro de su vida eran sus hijos. Vivía y respiraba por ellos. Ella amaba y apreciaba su esposo y lo trataba bastante bien, pero él jamás fue su máxima prioridad. Su papel era ser padre y proveedor—¡pero no nunca el rey! ¿Cuál fue el resultado?

Cuando él se quedaba a solas con su mujer era amable, y cuando se quedaba a solas con sus hijos disfrutaba de su compañía. Pero cuando estaban todos juntos adoptaba una actitud rencorosa hacia ambos. Criticaba y menospreciaba a sus hijos, y resentía a su mujer por haberlo colocado en esa posición. Cuando los niños crecieron, sus problemas maritales únicamente incrementaron porque ya no tenían a los hijos para distraerlos de su relación que se desmoronaba.

Esta posición disminuida es por lo que los hombres tienden a resentir el nacimiento de un nuevo bebé. Y tiene peso al negarse a tener más hijos.

Convertir a su esposo en su prioridad máxima no disminuye la responsabilidad sagrada que una mujer tiene con sus hijos, ni es una indicación de tener menos amor por ellos. De hecho, los hijos se sienten más seguros dentro del amor e interés de su madre cuando ella demuestra tener amor y respeto por su esposo.

2. *Mantenimiento del hogar.* A veces lo que tiene más importancia para una mujer que su marido es su hogar. Las tareas domésticas, coser, redecorar o soñar con muebles nuevos pueden dominar sus pensamientos o tiempos. Pero, ¿será más importante el castillo que el rey que vive dentro?

3. *Apariencia.* Cuando se trata de la apariencia, el hombre aprecia a una esposa bien arreglada y bien

vestida. Pero si ella se pasa horas sin fin comprando, cosiendo, y arreglando, y al hacerlo lo ignora; le da la impresión que no está intentando complacer a otros, sino a ella misma. Él no siente que sea la máxima prioridad de ella.

4. *Dinero y seguridad.* Ocasionalmente, una mujer se resistirá a la decisión de su marido cuando tal decisión pone en peligro su seguridad. Puede que desaliente una inversión, el cambio de carrera, educación más alta, u otros planes para el futuro que ella sienta podría perjudicar la seguridad que tiene ahora. En efecto, lo que ella dice es que el dinero, o lo que me estás dando ahora es más importante que tú—que tu plenitud o retos que tú como hombre sientas que quieras enfrentar.

No sólo coloca los objetos materiales por encima de su esposo, pero su misma actitud sugiere que teme a que él fracase, lo cual es un golpe severo a una de las características más vulnerables en el hombre—su orgullo. Al resistirse a sus planes, ella coloca el dinero y la seguridad por encima de su hombre, sus sentimientos, experiencias, orgullo, y su seguridad en si mismo.

Una mujer me contó de un incidente en donde tomó una decisión así. Su marido quería expander su negocio, y planeaba mudar a su familia a un departamento pequeño temporalmente, vender su casa, y utilizar el dinero para la expansión del negocio.

Pero la mujer se negó a mudarse. Ella dijo, "No me importaba la inconveniencia, ya que he vivido en peores circunstancias." Su razón era que temía que su esposo fracasara. Ella eligió la seguridad financiera a pesar de los sentimientos, orgullo, y la seguridad en él.

En otras ocasiones, el deseo por el dinero y la seguridad en una mujer es la razón subyacente por la cual ella insista en una meta a la que él se resista. Mientras la seguridad es algo importante para las mujeres, no debería ser más importante que el hombre, que su libertad a ser él mismo. Su actitud también sugiere que ella no se encuentra satisfecha con su situación económica en el momento, que ella no cree que mejorará pronto, y tal sugerencia es una amenaza seria al orgullo de él.

Por ejemplo, una mujer que conozco está casada con un hombre de un estatus económico bastante bajo. Ella le sugirió a él por muchos años que se convirtiera en doctor. Su actitud le sugiere que no se encuentra satisfecha con su salario, y quizás con su falta de prestigio. Si ella continúa hostigándolo con convertirse en doctor, ella colocará el dinero y prestigio por encima del hombre mismo.

5. *Los padres de la mujer*. Cuando una mujer siente un amor y conexión fuerte por sus padres, los cuales excedan los sentimientos que ella siente por su marido, naturalmente le hará sentir que él no es su prioridad número uno en su vida. Por consecuencia, él resentirá

a los padres de su mujer, porque el percibirá que le están robando esta posición importante.

6. *Carreras, talentos, y otras actividades.* A la mayoría de los hombres les gustaría apoyar a sus esposas a que desarrollen sus talentos, y a que se comprometan a actividades que disfruten, pero cuando estos intereses dominan el pensamiento de una mujer, y cuando el entusiasmo por estos eclipsa al hombre mismo, ocasiona que él se sienta menos que sus intereses. Por esta razón los hombres tienden a ser algo irracionales en cuanto al tiempo que sus esposas pasan lejos de ellos, y que incluso lleguen a resentirlas.

Sin embargo, si la mujer convierte a su hombre en su prioridad número uno en su vida, es más probable que él apoye sus interés en actividades externas.

Normalmente, los hombres que son el "segundo violín" abandonan a sus esposas, y buscan mujeres que los hagan sentir más importantes. Raramente es el sexo lo que acerca al hombre hacia un amante. Más bien es su habilidad de hacerlo sentir como a un rey, como veremos en la siguiente historia que me contaron:

Cómo alenté a mi esposo a encontrarse con otra mujer

Suena terrible, ¿no es así? Y lo fue, y ahora después de haber estudiado y practicado la mujer fascinante, estoy comenzando entender que sus escapadas fueron alentados por mi comportamiento hacia él, y por eso es que digo que yo lo hice.

Así es como sucedió: Nuestra vida sexual era buena, pareciera que era la única parte buena de nuestro matrimonio. Se lo dije a mi esposo y lo elogié por ser un amante tan maravilloso, pero el problema fue que eso era lo único que elogiaba o admiraba de él. Ciertamente no lo aceptaba; nunca lo traté como mi prioridad máxima. En otras palabras, lo contaba como nada más que un buen compañero sexual. Por lo tanto, se encontró con otra mujer que lo hizo sentir como el número uno, y le admiraba sus otros atributos masculinos. Se encontraba con otras mujeres que escucharan sus anécdotas y le dieran el tiempo y atención que todo hombre necesita. Lo odié por tener a otras mujeres. No lograba comprender por qué él no estaba satisfecho con el sexo que le ofrecía. Después de *La mujer fascinante,* comprendí que no era el sexo lo que necesitaba de estas otras mujeres, sino la aceptación y admiración, y que al retener estas cosas lejos de él, ayudé a que él se fuera hacia la infidelidad.

Ahora no tengo miedo de que él tenga otra escapada, porque ahora sé el tipo de mujer que un hombre quiere.

Conclusiones - Entendiendo a los hombres

Hemos llegado al final de la sección "Entendiendo al hombre." Esta es la cualidad angelical que Agnes tenía en abundancia que le trajo felicidad y paz a David. Y cuando él no disponía de su comprensión, parecía que él "se volvió salvaje y se metió en problemas."

Entender a los hombres es una cualidad angelical, y por tanto es un asunto de carácter. El pisotear su libertad, la falta de humildad, la falta de simpatía y perdón, y nuestro fracaso a concentrarnos en su lado positivo son la raíz de muchos de nuestros errores. Incluso nuestra falta de conocimiento demuestra nuestra debilidad. ¿Habremos estado demasiado contentas disfrutando de las hierbas malas en lugar de las flores?

No hay límites para las recompensas que llegan al matrimonio como resultado de comprender a los hombres. Como una esposa lo dijo, "Nuestro matrimonio floreció como una planta que conoció el sol después de un invierno largo y oscuro." Esto se debe al amor y cariño que se despierta en el corazón de un hombre cuando se siente aceptado, libre, respetado como hombre, y comprendido. Tal demostración de cariño es impresionante en la siguiente historia:

Historia de éxito

Mi esposo y yo hemos estado casados por 6 años—tenemos 2 hijos. Cuando me embaracé de nuestro último hijo, mi esposo y yo nos volvimos fríos e indiferentes. Él dijo que no me amaba y que yo era como una madre para él. Él comenzó a tener un amorío con otra mujer. Después de que nació el bebé, pedí el divorcio, acordamos un arreglo, y nos separamos. Pero mi esposo no quería un divorcio. Acudimos a un consejero matrimonial para que nos ayudara, y nos dijo todo lo que estaba mal, pero no nos dijo cómo arreglarlo. Después de haber estado separados por tres meses, nos volvimos a juntar por un período de prueba de seis meses. Ambos éramos miserables estando separados. Veníamos de hogares religiosos, y atendíamos y éramos muy activos en nuestra propia iglesia cuando todo esto sucedió.

Durante este período de prueba, nuestro matrimonio iba algo bien, pero era débil y no era lo que yo quería. No sentía el cariño que quería y necesitaba tan desesperadamente. No me sentía tan amada como yo quería. Sentía que nuestro matrimonio era demasiado inseguro, pero no sabía cómo resolverlo. Me sentí desdichada y constantemente preocupada de que mi esposo encontraría a otra amante.

Durante este tiempo descubrí *La mujer fascinante*. Leí el libro y atendí a las clases. La primera vez que lo puse en práctica, vi cómo el rostro de mi marido se iluminó y sentí un cariño pequeño que venía a mí. Habíamos tenido muy poca comunicación, pero una vez que empecé a admirarlo y a darle la amabilidad comprensiva que describes, se volvió otro hombre totalmente. Su caparazón ha desaparecido, y me cuenta todos sus problemas, y me trata de una forma cariñosa tan linda. Es una experiencia maravillosa—una que siempre soñé pero nunca obtuve. Entre más lo admiro, más lo amo.

Ahora tengo una paz maravillosa dentro de mí. No tengo miedo a que me deje por otra mujer porque le estoy dando la admiración y el amor que necesita y quiere, y a su vez yo recibo el amor que necesito tan desesperadamente.

La caja de Pandora

Cuando un matrimonio ha estado en problemas, y luego la mujer hace un esfuerzo particular para mejorarlo al aplicar los principios de la mujer fascinante, ocasiona una reacción particular en un hombre conocido como la caja de Pandora.

En este caso, cuando la mujer fascinante se aplica, en vez de que el hombre se vuelva amoroso y tierno, puede que se enoje y desatolle un odio hacia su mujer.

Es importante entender el cambio que está ocurriendo dentro de él que ocasione este arranque. Puede que haya estado reprimiendo enojo hacia su esposa por años, por el temor a que ocasione un fracaso en su matrimonio. Si él es un hombre de grandes principios y ama a su hijos, probablemente ha hecho un esfuerzo enorme para mantener su matrimonio a salvo. Para lograr esto, ha tenido que reprimir rencor contra su esposa.

Cuando ella aplica la mujer fascinante por un período de tiempo, él gradualmente empieza a sentirse seguro en su matrimonio. Entonces, él por fin se atreve a abrir la caja de Pandora, y deja escapar todo el rencor que ha estado escondiendo.

Es importante que la mujer entienda esta reacción y le permita vaciar la caja de Pandora. Mientras este ejercicio permanece constructivo, y para nada abusivo, debería ser motivado. Concuerda con él, y motívalo a expresarse. Cuando la última pizca de rencor se ha escapado, y la caja ha quedado vacía, él descubrirá un amor y cariño hacia ella que jamás conoció antes, y puede que su reserva desaparezca completamente, como sucedió en las siguiente historia:

Historia de éxito

Después de haber aprendido y aplicado la mujer fascinante, mi marido se volvió más feliz, pero eso sólo duró por 3 ó 4 meses hasta que la tensión se acumuló un poco. Y luego una noche, ¡boom! Una reacción de la caja de Pandora. Parece que todos sus sentimientos acumulados salieron y al mismo tiempo sus muros de reserva se vinieron abajo. Bastante dramático—¡y bastante maravilloso! Ahora me dice que nunca se ha sentido tan feliz en toda su vida y yo me siento de la misma forma. Incluso nuestros amigos lo mencionan, y me preguntan si realmente soy tan feliz como lo aparento.

Realmente siento el espíritu de la mujer fascinante y la felicidad inmensa que trae cuando lo vives. Esta noche, mi marido pasó tres horas solamente hablando conmigo, contándome más sobre él mismo, su pasado y sus sueños de lo que aprendí en diez años de matrimonio. También me dijo que había estado más cerca de lo que yo sospechaba de dejarme durante ese tiempo, y lo hubiera hecho si no hubiera sido por los niños.

Había estado extremadamente feliz todo el día, pero cuando mi marido volvió a casa trajo un semblante de melancolía y estaba de mal humor. Estaba determinada a que no me contagiara de su melancolía. Lo hice sentir cómodo y lo invité a hablar de su día. Él sólo quería relajarse, así que seguí preparando la cena.

Cuando regresé a llamarlo para cenar, tenía su cabeza agachada y había lágrimas en sus mejillas. Cariñosamente, le dije suavemente, "Cariño, ¿me dirías que sucede?" De pronto, rompió en sollozos, y destapó la caja de Pandora. Había perdido toda la fe en las mujeres después de su última experiencia en el matrimonio. Dejó salir todos sus rencores y enojo hacia las mujeres y sus miedos del futuro. Abrió su caparazón. Desde esa noche, nuestro amor ha tenido la libertad para crecer, incluso al punto en que el me dijo mientras me abrazaba que yo soy todo lo que un hombre pudiera querer en una esposa.

Capítulo 11

Felicidad interna profunda

Ante todo, el hombre quiere amar a una mujer que es verdaderamente feliz. Si sus ojos revelan que se encuentra crónicamente molesta, perturbada, o infeliz, puede que despierte la simpatía en él, pero no despertará su admiración y amor. Si quisiéramos adquirir la felicidad interna, debemos entender lo que es y dónde se encuentra.

¿Qué es?

La felicidad interna es un sentimiento de alegría espiritual que conlleva los triunfos, pérdidas e incluso los dolores de la vida con una estabilidad tranquila simultánea. Es serenidad, paz mental y tranquilidad. Agnes poseía la felicidad interna, ya que tenía "una expresión plácida y dulce" y "una tranquilidad en ella—un buen espíritu callado y tranquilo."

Felicidad contra Placer

Todos quieren encontrar su paz interna, ¿pero cuántos realmente lo hacen? El problema con muchos de nosotros es que buscamos la felicidad en el camino incorrecto. Normalmente pensamos que si tan sólo consiguiéramos la casa de nuestros sueños, o un par de muebles nuevos, alfombra, o ropa linda, entonces seríamos felices. Ó sentimos que si viviéramos en una comunidad en particular, o tuviéramos dinero para las comodidades y placeres de la vida, entonces seríamos felices. Estas cosas sí poseen un cierto valor, pero no son requerimientos para la felicidad interna. Hay mujeres que no tienen nada de estas cosas materiales y disfrutan de la paz interna. Por otro lado, hay quienes poseen todo y son miserables.

Por supuesto, hay placeres buenos y malos. Los placeres que provienen de comportamientos altamente peligrosos deberían ser evitados. Pero los buenos placeres pueden enriquecer la vida si se incluyen en la base para la felicidad interna. Los buenos placeres son la luz del sol, lluvia, flores, comida nutritiva, la risa de los niños, la recreación sana, música, las artes, y muchas más de las finesas de la vida, mientras que los placeres malos son todas las cosas que son destructivas para el cuerpo y el espíritu.

La felicidad es diferente del placer. Suele surgir de una fuente distinta. El placer viene de las cosas que complace nuestros sentidos, mientras que la felicidad puede surgir incluso de experiencias no placenteras como el dolor al dar a luz, o el cansancio, dolor y esfuerzo de un padre de asegurar comodidades para sus amados. La felicidad es un resultado directo de la lucha por superar la debilidad. A veces la felicidad es resultado de la miseria, penas, dolor y sufrimiento.

"Surgirá como una consciencia de fuerza moral, espiritual, y física; de fuerza ganada en el conflicto; de fuerza que llega con la experiencia; al haber tocado las profundidades del alma; al haber experimentado todas las emociones a las que la mente es propensa; al haber probado todas las cualidades y fuerza del intelecto." (B.H. Roberts)

Ninguna persona que viva una vida meramente inocente protegida de experiencias buenas y malas puede saber lo que la verdadera alegría y felicidad son. ¿Cómo se puede adquirir esta felicidad interna? ¿Qué esfuerzo consciente debemos hacer para lograrlo?

¿Cómo adquirirla?

Puede que hayas escuchado la frase, "Somos tan felices como decidimos ser." Aunque hay algo de mérito en la perspectiva positiva, esta frase no está completamente en lo cierto. Una persona maliciosa no puede adquirir la felicidad a través de este auto-engaño. No puedes adquirir la felicidad interna a través de pura determinación, sino debes realizar el trabajo preparatorio apropiado al aplicar principios honrados.

La felicidad se basa en leyes eternas. Si no encontramos la paz interna es porque no estamos obedeciendo principios en los que se basa la paz interna. La felicidad interna está a disposición de todos, y se adquiere al entender y aplicar sus principios.

Nuestra fuente más grande de felicidad

Nuestra fuente más grande de felicidad viene de las decisiones justas. El camino a la felicidad para una mujer se encuentra en el desarrollo de todas las cualidades angelicales. Su comprensión del hombre le traerá gran alegría interna. Su plenitud exitosa en su papel como madre, diosa doméstica, y esposa amorosa aportará a su alegría. Y el desarrollo total de su carácter le traerá una paz tranquila.

La felicidad interna no es una cualidad voluntaria que pueda colocarse como una sonrisa, sino debe ser ganada a través de la victoria personal sobre nuestras debilidades, y un alcance alto hacia la perfección.

El amor innecesario

Si eres una mujer que no se siente amada, puede que estés inclinada a pensar, "Si mi esposo realmente me amara, entonces experimentaría la felicidad interna." Aunque el amor romántico sea esencial a nuestra total felicidad en el sentido más alto, no es esencial para adquirir la felicidad interna de la que hablo.

La felicidad interna es independiente de otras y fuera de las circunstancias. Ni siquiera el amor de tu hombre es requerido para su adquisición. Agnes poseía la felicidad interna aunque no fuera dueña del amor completo de David.

La felicidad interna es una victoria personal totalmente posible para cualquier mujer. Y le encanta a los hombres.

La felicidad interna incompleta

Aunque una mujer adquiera la felicidad interna sin el amor de su marido, no será una felicidad completa. El amor celestial de su hombre es necesario para que ella experimente la verdadera alegría. David Copperfield notaba frecuentemente una expresión de infelicidad en el rostro hermoso de Agnes, pero no se dio cuenta de que se debía al amor no correspondido. Indicaba la falta de un ingrediente para la felicidad, *pero no la privaba de la tranquilidad espiritual.*

La mujer infeliz

Hay una opacidad en los ojos de la mujer crónicamente deprimida que es trágica. En algunas se encuentra el arrastre de los pies, mala postura, modos descuidados y perezosos e incluso hay sarcasmo en su voz. Todo el semblante de algunas mujeres sugiere infelicidad. Otras señales externas serían el quejarse, severidad, rapidez al juzgar, y actitudes negativas. Suelen aparentar más edad, pierden su brillo, y se nota un disturbio interno. El efecto es deprimente. Estas características pueden disminuir el encanto de una mujer y hacerla menos atractiva hacia los hombres.

La mujer feliz

La mujer que posee la felicidad interna es totalmente lo opuesto. Hay un resplandor interno en sus ojos, aún si está pasando por un momento difícil. Habrá dignidad en su semblante—optimismo, esperanza y fe en su actitud. Sonríe fácilmente y sugiere un sentimiento de alegría. Es lenta al criticar. Es confiada y paciente, y su espíritu irradia tranquilidad, serenidad y paz. Su apariencia e influencia son inspiradoras. Es encantadora para los hombres.

Los pasos hacia la felicidad interna

1. Comprender a los hombres
2. Desarrollar el carácter
3. Cumplir su papel como mujer — La Diosa Doméstica

He dicho que la fuente más grande de felicidad proviene de las decisiones honradas, y que para una mujer esto significa desarrollar su lado angelical. Al tiempo que adquiera una mejor comprensión de los hombres, adquirirá las virtudes de la simpatía, comprensión, apreciación, y obtendrá la virtud de acudir a ella en el fracaso en lugar de acudir a su esposo o a otros.

En el siguiente capítulo, explicaré la importancia del desarrollo total del carácter y enfatizaré algunas de las virtudes femeninas más esenciales que enriquecerán su vida, y a su vez le traerán la paz interna.

Su desempeño fiel en su papel como mujer es igual de esencial para su paz interna. Los requerimientos clave para su felicidad son el ser una esposa amorosa y comprensiva, una mujer maravillosa, y un ama de casa exitosa. Su gloria real será el éxito en su rol femenino, y le otorgará una paz interna y satisfacción que no conocería de otra forma. Es imposible para una mujer que ignora estas obligaciones importantes el experimentar la alegría verdadera. Puede que obtenga satisfacción a través de otras actividades y logros, pero estos no pueden compensarla por su fracaso como mujer. "No hay logro en la vida que compense el fracaso en el hogar." (David O. McKay)

He explicado que hay leyes en las que se basa la felicidad. Las tres mencionadas anteriormente son las que se involucran en la felicidad de una mujer. La violación de estas leyes ocasionan frustración e infelicidad, mientras que el desempeño exitoso la pone en armonía con las leyes de la vida, y le ofrece la plenitud y felicidad interna.

Dos virtudes esenciales en la felicidad de una mujer

El desarrollo total del carácter es importante, pero hados virtudes que son particularmente esenciales para la felicidad de una mujer. Son las siguientes:

1. *La aceptación en nosotras mismas*: En el proceso de convertirnos en ángeles, permanecemos humanas. Cometemos errores y muchas veces estos nos roban de nuestra felicidad. El cometer errores como quemar la comida, hacer una compra mala, o romper un objeto caro puede causarle miseria a una mujer. Esto se debe a nuestro fracaso de aceptarnos a nosotras mismas.

Debemos aceptarnos a nosotras mismas así como aceptamos a nuestros maridos, y permitirnos nuestras propias debilidades y errores. No ayuda el esperar un desempeño perfecto de nosotras mismas.

Leí de un hombre que le encantaba viajar. En ocasiones había gente engañosa que le cobraba injustamente en otros países. Era perturbador y le quitaba la alegría a viajar en cierto nivel. Tras analizar el problema, desarrolló la idea de separar algo de dinero para cada viaje "para que se lo robaran." Al permitirse esto, logró disfrutar de sus viajes.

El hombre de negocios permite los fracasos o emergencias de negocios por adelantado. De igual forma deberíamos permitirnos algunos errores. Dite a ti misma cada año, cada semana, e incluso cada día que cometerás algunos errores o decisiones imprudentes. Cuando planees tu vestimenta, recuerda que no serás imprudente con cada prenda. En esta vida aprendemos por experiencia, y esa experiencia incluye algunos errores.

Sin embargo, la aceptación en nosotras mismas no se refiere a estar contentas. *No significa* que nos aceptemos como seres humanos tontos, imprudentes o débiles sin hacer ningún esfuerzo para mejorarnos. Tal actitud es un enemigo del progreso.

Lo que *sí* significa es aceptarnos como humanas, propensas a cometer errores, desaciertos, y razonar indebidamente, y aunque hagamos un esfuerzo significante para mejorar, ocasionalmente intentaremos algo y fallaremos.

No deberíamos desalentarnos y perder la esperanza en nuestros esfuerzos por mejorar si algunos hábitos viejos son difíciles de romper. Ocasionalmente seremos arrastradas hacia atrás por una ola o por la corriente mientras nadamos hacia la costa.

2. *Apreciación por los placeres simples de la vida*: Otra virtud esencial para la felicidad es disfrutar de las alegrías simples de la vida como la lluvia, la luz del sol o unas cortinas frescas. No es tanto que los placeres mismos contribuyan a la felicidad de una mujer más que su habilidad de apreciarlos.

La mujer que aprecia puede disfrutar el beber agua de una taza de metal mientras otra siente que debe tener los platos de porcelana. Una mujer puede disfrutar de sentarse sobre una caja de manzanas en el patio trasero mientras deja que el sol de verano cálido brille sobre sus hombros. Otra pudiera sentir que debe tener muebles de patio para ser feliz.

Una disfrutará de los sonidos del bosque o los pájaros y las hojas volando mientras otra debe asistir a la ópera. Una disfrutará de una vestimenta de algodón simples mientras que otra vive por el día en que pueda comprarse ropa en Fifth Avenue. Una disfruta de la verdadera alegría de empujar el carrito de su bebé por el parque, mientras que otra debe tener luces brillantes y lugares divertidos. Una disfrutará de una cabaña simple mientras que otra debe tener un hogar moderno con una vista.

Los niños pequeños tienen la habilidad de disfrutar de los placeres simples. Un rayo de luz, una tina de agua para zambullirse son cosas comunes que disfrutan. Las mujeres que aprenden a disfrutar de estas cosas comunes nunca querrán más.

El desarrollo del lado angelical de una mujer es el camino a su felicidad interna. Si no tienes felicidad ahora, puedes trabajar en desarrollarla.

La felicidad interna es un ascenso. Es como nadar río arriba, y se encuentra dentro de los grandes esfuerzos y logros de la vida. Es el resultado de la lucha para superar debilidades, y el esfuerzo continuo de mejorar constantemente.

Capítulo 12

Una persona de valor

El hombre quiere a una mujer que pueda colocar en un pedestal para adorarla. Espera que ella sea amable, más paciente y comprensiva de lo que él es, ya que él se considera la criatura menos refinada de la raza humana.

Si un hombre se vuelve desconsiderado o crítico, puede que esté dispuesto a ignorar esto en si mismo, pero se decepciona si ve que la mujer se rebaja a este nivel. Hay muchas virtudes en el carácter – todas valen la pena adquirirlas. Sin embargo, las siguientes son diez de las más importante. Muchas de estas son particularmente importantes para las mujeres.

Cualidades de carácter esenciales para el pedestal

1. *Amo de uno mismo.* "Él que se reina a si mismo y rige sus pasiones, deseos, y miedos es más que un rey." John Milton.

Ser amo de uno mismo es la base para ser una persona de valor. Ni siquiera podemos aplicar el conocimiento contenido en este libro si no tenemos la voluntad de hacerlo. Indicamos el fracaso a ser amos de nosotros cuando no controlamos nuestra lengua, cuando no tenemos seguridad, cuando no somos rápidos, y cuando no cumplimos con nuestras obligaciones. Cualquier fracaso a aplicar los principios de nuestra convicción indica el fracaso a ser amos de nosotros mismos. Conquistamos nuestros miedos, dudas, pasiones e incluso nuestras metas cuando somos amos de nosotros.

Hay muchas maneras de convertirnos en nuestros propios amos. También hay cosas que ayudan a reforzar nuestro autocontrol. Muchos filósofos nos enseñan que "hacemos cosas que son difíciles, y las hacemos regularmente." Realizar tareas molestas, demandarnos a nosotros mismos cuotas infinitas son algunas de las cosas que nos ayudan a dominarnos, para que cuando nos enfrentemos a tentaciones severas ya tendremos la suficiente fuerza para rechazarlas. O si es una meta que estamos tratando de alcanzar, habremos obtenido la autodisciplina necesaria para lograrlo.

2. *Altruismo*: El respeto a los demás—por su felicidad, éxito y comodidad indica a una persona altruista.

Las mujeres tienden a ser egoístas y piensan en términos de "mis hijos, el éxito de mi esposo, mi casa, mi vestimenta." Incluso nuestros problemas especiales dominan nuestro pensamiento.

A veces no nos damos cuenta de las vidas egoístas que vivimos. Conocí a una pareja que no tenía hijos. Pasaban la mayoría de su tiempo en su casa ocupándose de su hermoso jardín. Era maravilloso. Un día vendieron su casa y el terreno y se mudaron a un departamento. Se sentían aburridos e infelices porque ya no había algo que ocupara su tiempo. Por lo que compraron otra casa, plantaron otro jardín, y quedaron contentos.

Su actitud egoísta indica una falta de interés en otros—no se daban cuenta de las necesidades de los que los rodeaban. Aunque eran honestos, buenos vecinos, y buenos ciudadanos, vivían una vida egoísta—menos plena y básicamente infeliz.

3. *Benevolencia.* ¿Qué es la benevolencia? ¿Se refiere a llevarle un plato de sopa a la señora Smith que se encuentra enferma, ó hacerles ropa a los desamparados? Esto sólo es parte de eso.

El bien mayor proviene de inspirar a otros, dar esperanza y propósito a sus vidas. Algunos sólo necesitan alguna palabra de motivación ó aprobación, pero hay otros que están desesperados.

Aquellos que necesitan ayuda lo demuestran en sus ojos. Los jóvenes desalentados se ven alicaídos. La verdadera benevolencia es buscar a los alicaídos y desalentados, y reparar sus almas.

Ofrece tus regalos materiales en secreto, pero inspira a otros con la fuerza de tu espíritu.

4. *Valor moral*: La falta de valor moral es lo que nos hace fracasar al intentar seguir nuestras convicciones. El miedo a la humillación o a la crítica nos impide alcanzar nuestras metas. Por ejemplo: Puede que en nuestras mentes estemos determinados a pasar mucho tiempo con nuestros hijos. Pero influencias externas interfieren. Dejamos que otros decidan cómo pasamos nuestro tiempo porque no tenemos el valor moral de decir "No."

5. *Paciencia*: Hay cuatro maneras en las que necesitamos paciencia:

   a. Paciencia con la gente: No hay mejor lugar para aprender de la paciencia que en el hogar. El bebé que llora en la noche, las peleas, confusión y mal comportamiento de los niños pequeños nos dan un campo maravilloso para adquirir esta virtud. Incluso personas externas nos ponen a prueba. La verdadera paciencia no es simplemente un acto de autocontrol, sino la voluntad a ignorar los errores de otros.

   b. Paciencia con las tareas: Algunas mujeres se quejan amargamente sobre sus tareas domésticas sin fin—tres comidas al día, lavar y la limpieza eterna se vuelve cansado. Pero la verdadera mujer femenina acepta estas tareas con paciencia. ¿Qué tan rápido perderá su encanto con una actitud impaciente? La mujer que logra sonreír a través de su infinidad de tareas es a la que los hombres admiran.

c. Paciencia con los deseos: Requiere paciencia el esperar y trabajar por el cumplimiento de nuestras metas. Ya sea una casa nueva, remodelar la anterior, muebles nuevos, o el tiempo para desarrollar tus talentos lo que deseas. Algunas mujeres se impacientas y cumplen sus deseos a expensas de otros. Muchas veces es el hombre quien debe encontrarse con estas demandas impacientes de la esposa que "lo quiere ahora." Y si no se cumple su deseo, ella se vuelve amargada o quejosa. Requerirá paciencia aplicar los principios de la mujer fascinante y cosechar las recompensas que nos esperan.

d. Paciencia por un mejor días: Todas pasamos por decepciones y penas, pero "Qué pobres son los que no tienen la paciencia de esperar." (Shakespeare) La voluntad paciente de comenzar de nuevo es una señal de carácter.

Podemos aprender paciencia al observar los métodos que naturaleza tiene al alcanzar sus objetivos. Si viajas a una cueva de piedra caliza podrás ver los diseños hermosos construidos por las gotas de agua que caen del techo. Producir esta belleza toma siglos.

6. *Castidad*: Me refiero a la pureza sexual del acto y pensamiento. Hay un relajamiento de los estándares morales en nuestro tiempo, incluso entre aquellos que expresan valores tradicionales. La aceptación del comportamiento sexual de alto riesgo y del "amor libre" se encuentra desenfrenada. Pero una mujer no puede despertar el amor celestial en un hombre bueno si no es casta. Su esposo podría sentir pasión por ella, pero no será el amor celestial que ella busca.

A veces las mujeres no son modestas en su apariencia e invitan el deseo sensual en otros hombres que no son sus maridos con sus ropas inmodestas, sus actos descontrolados y manierismos, sus miradas tímidas, su maquillaje extremos y sus actitudes coquetas.

Luego están las bromas entre las parejas casadas que implicarían que los actos inmorales se consideran comedia. Tales frases como, "Tu hijo se ve como el jardinero," sugiere inmoralidad. La inmoralidad sexual destruye el espíritu, personalidad y belleza de una mujer. Ciertamente no es nuestro ideal de Angela Humana.

7. *Honestidad*: Pocos de nosotros robaríamos o daríamos falso testimonio, o diríamos mentiras obvias, pero hay maneras comunes en donde caemos en la deshonestidad. Usualmente se debe a una de dos razones:

a. Miedo a la crítica o al desapruebo: ¿Cuántas veces damos una excusa en lugar de enfrentarnos al desapruebo de nuestros esposos? Cuando se nos hace tarde a una cita debido a nuestra pereza diríamos, "Los niños me retrasaron," o cuando fracasamos en tener las comidas listas o nuestra casa limpia, nos quejaríamos de que no nos sentimos bien.

b. Dinero. Hay mujeres que mentirán sobre la edad de un hijo para ahorrar dinero en el tren, o en una película, o en el circo. Hay algunas que dañarán por accidente un automóvil estacionado sin dejar alguna identificación. La mujer merecedora del pedestal debe mantener su honestidad "en línea."

8. *Humildad*: Hay tres formas en las que debemos tener humildad.

a. *Con bienes del mundo*: Es difícil para aquellos que tienen mucho dinero y posesiones no ser orgullosos. Hay una tendencia natural a sentirse superiores que aquellas que tienen menos en las mujeres que visten ropas caras y modernas, que manejan automóviles de último modelo, y viven en lugares lujosos. En algunos casos incluso se deleitan en hacer sentir inferior a aquellos sin riquezas materiales al pasearse con sus posesiones finas ante los que ellas consideran inferior. Tal falta de humildad indica debilidad espiritual.

b. Con el conocimiento: Una educación alta, habilidad natural, dones y talentos, y los que algunos consideran inteligencia alta causan que algunas mujeres se vuelvan arrogantes. Puede que sientan que esto sólo es un autodescubrimiento honesto. ¿Cómo pueden ser humildes cuando descubren sus mejores habilidades? La actitud apropiada es el estar conscientes del gran mar de conocimiento que aún no se descubre—los grandes dones y talentos de aquellos vivos y los que vivieron anteriormente. Este pensamiento coloca a la persona en una posición apropiada de humildad.

c. Honradez: Ya hemos aprendido del complejo de superioridad en una mujer que causa que ella critique a su esposo e intente mejorarlo. Incluso la adquisición de un gran carácter y el escalar a la posición del pedestal no debe causar que una mujer se sienta superior.

Siempre habrá alguien a quien te puedas comparar que sea mejor. Siempre habrá una nobleza mayor a la que podemos esforzarnos por obtener.

9. *Dignidad propia*: Hay un elemento del carácter que convierte a una mujer en reina y se llama la dignidad propia. Cuando posee esta virtud, ella dirige el respeto de todo el que la rodea. Puede que ella sea altruista, humilde, dócil y obediente, pero mantiene una actitud

de respeto hacia ella misma que otros pueden detectar y admirar. Esta cualidad se puede entender mejor al observar a aquellos que no la poseen, como en las situaciones a continuación:

Existen mujeres que no poseen la dignidad propia al ser demasiado serviles. Atienden a sus familias de la noche a la mañana y no son madres ni esposas, sino esclavas. Ningún pedido es ni demasiado ni poco. En sus esfuerzos de atender a sus familias ignoran sus propias necesidades como seres humanos. No dirigen el respeto de una reina, sino se reducen a si mismas como esclavas ante los ojos de sus familias. En lugar de ser apreciadas por sus esfuerzos, sólo despiertan exitosamente un sentimiento irrespetuoso e incluso desdén.

Si, por otro lado, la mujer mantiene su dignidad propia y le importa su propio valor y sus necesidades, los esfuerzos para cuidar a su familia se vuelven un sacrificio noble y es admirada por ello.

También le falta dignidad propia a la mujer que *se esfuerza por complacer a su esposo* mientras ignora sus propias necesidades personales. Puede que obedezca todo deseo y capricho de él, ahorre cada centavo para ofrecerle lujos especiales, siempre recuerde su cumpleaños mientras que él usualmente olvida el de ella, y apruebe de sus gastos lujosos y complacencias. Al mismo tiempo, ella sobrevive sin las cosas que necesita. Tales acciones le parecerían a un hombre una característica del carácter, pero cuando el esfuerzo por complacerlo se realiza por su propia cuenta, en lugar de despertar el aprecio ocasiona que él pierda el respeto por ella. A él le gusta que lo hagan sentir cómodo y disfruta de su consideración, pero no le gusta que no se interese en ella misma como persona. Piensa demasiado de él y muy poco de ella. Otra forma en la que una mujer le pueda faltar la dignidad propia es en permitir que su esposo la maltrate. Debemos permitirle al hombre algunas ofensas pequeñas, pero cuando el hombre es demasiado desconsiderado, abusivo, insultante, o injusto, la mujer debería defenderse a si misma. Un hombre no admira a la mujer que pueda "pisotear." Él admira a la mujer que tiene la dignidad propia y agallas para expresarse. Si no se respeta a ella misma como ser humano y permite que sea maltratada, entonces será difícil para su esposo el tratarla apropiadamente. El elevarse a un espíritu de dignidad propia cuando ha sido maltratada puede ser encantador para un hombre, y la amará más por eso.

Cuando la mujer es demasiado servil, demasiado dispuesta a complacer y permite el maltrato, o cuando ella de cualquier forma aparente ser inferior a su marido, ella no tiene la cualidad regia de la dignidad propia.

10. *La cualidad gentil y tierna*: Hay una cualidad de carácter que es vital para nuestro ideal de Angela Humana—y es el cariño y la gentileza. Esta cualidad es

una combinación de distintas virtudes como la simpatía, benevolencia, comprensión, compasión, paciencia, sufrimiento y amabilidad.

Es una cualidad de carácter femenino atractiva que demuestras a través de tu comportamiento femenino. Es difícil, sino imposible, para una mujer que sea verdaderamente femenina sin poseer esta característica, ya que si ella es severa, crítica, o amarga, el encanto femenino se destruye.

La mujer de carácter débil

Las mujeres que son débiles de carácter pierden su encanto. Podrían tener atributos físicos perfectos, y aun así habrá una expresión severa en sus labios, frialdad en los ojos, o una irritación en una frente que de otra forma sería hermosa, y una caída en los hombros que arruinarán su belleza. La pista oculta de un carácter sin valor dañará la belleza de un rostro que sería perfecto.

La mujer de valor

La belleza y tranquilidad que una mujer adquiere cuando logra un carácter de valor la hace atractiva ante los hombres. Habrá una suavidad en el rostro y en los ojos, y una tranquilidad en su voz y comportamiento que sera atractivo. "¡La belleza es la marca que Dios colocó en la virtud!"

Si no tienes un carácter de valor

No te desalientes y pienses que obtener un carácter de valor va más allá de tus posibilidades. Puedes comenzar a vivir de forma limpia y honrada. Todos tenemos potencial angelical y nunca es demasiado tarde.

Mahatma Gandhi viajaba mucho en su juventud. Pero tuvo un gran crecimiento espiritual que ahora se le conoce como "La Gran Alma". Una parte integral de su filosofía de vida era la posibilidad que tenía la gente común de convertirse en grandes almas durante su vida. Lo probó mediante su propio ejemplo.

Confía en vuestra propia capacidad,
Como confiarías en Dios mismo.
Vuestra alma es sólo una emanación del todo.
No debéis soñar qué fuerzas yacen en vosotros,
Vastas e insondables como el mar sin límites.
(Autor desconocido)

Cómo convencerlo que perteneces en el pedestal

1. *Deja que tu luz brille*: No pongas tu carácter angelical debajo de un contenedor donde él no pueda verlo. Realiza algunos trabajos buenos para que él aprecie la luz de tu alma.

2. *Aprecia sus cualidades espirituales*: Si quieres probarle que tienes fuerza de carácter, aprecia el carácter noble

de él. Si aprecias su honestidad, confianza y belleza solamente pruebas que reclamas estos atributos como tuyos.

3. *Aprecia el carácter en otros*: Si aprecias a la señora Jones sólo porque tiene un cabello lindo, o al señor Smith porque su establecimiento está bien decorado, no demuestra mucho de tu carácter a tu esposo. Pero si reconoces su altruismo, benevolencia y paciencia probarás que tienes buen carácter, ya que tienes rapidez al percibirlo en otros. Y si criticas demasiado a los demás y constantemente les encuentras defectos, ¡caerás del pedestal!

Si quieres ser colocada en un pedestal, debes adquirir un carácter que merezca estar en esa posición.

Segunda parte

Lo Humano

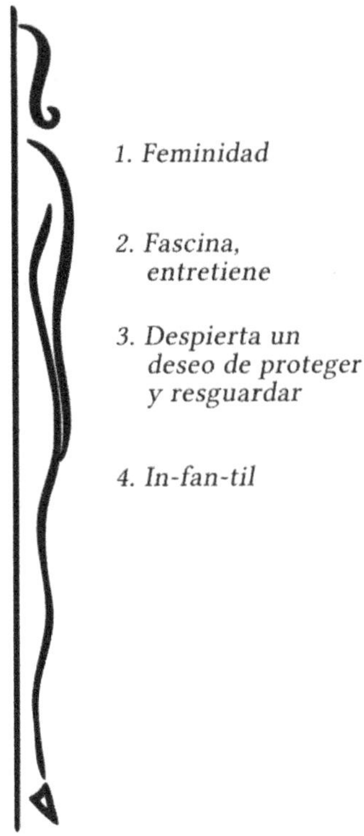

The Human side of woman fascinates, amuses, captivates and enchants man. It arouses a desire to protect and shelter.

El hombre quiere a un ángel, pero también quiere a una mujer que sea humana. Él mismo es humano, y por tanto, ciertas cualidades le atraerán y despertarán su fascinación.

Capítulo 13

La diosa doméstica

El término "diosa doméstica" implica algo más que un hogar limpio y ordenador, niños bien portados y comidas deliciosas. Se relaciona a la mujer misma, indicando una gloria que ha añadido al hogar que hace que se vea casi como una diosa. En otras palabras, una mujer puede ser exitosa como ama de casa y sin embargo fracasar como diosa. Esto se debe a que ella no logra verse a si misma como la figura central en el hogar con una personalidad que emana hacia los demás.

Por supuesto, la diosa doméstica debe ser exitosa como ama de casa, pero más allá de este logro añade una luz cálida y alma al hogar, lo cual añade una cualidad especial a su habilidad como ama de casa.

La cualidad de la diosa doméstica la encontramos en Agnes, Amelia y Deruchette. Agnes era "el ama de casa más serena y discreta como la casa antigua pudiera tener." Amelia era una "pequeña diosa doméstica amable, sonriente y tierna a la que los hombres querían adorar."

En cuanto a Deruchette, "su presencia ilumina el hogar; cuando se acerca hay una calidez alegre; se acerca y estamos contentos; se queda un rato y estamos felices...Su ocupación era vivir su vida diaria." Hugo también la compara a: "un ave convertida en una señorita; ¿qué podría ser más exquisito? Imagínalo en tu casa y llámalo Deruchette.

"Las alas son invisibles pero aún se puede escuchar el chirrido. A veces también suelta una canción larga y clara...Ella salta de rama a rama, o mejor dicho de habitación a habitación; va de un lado a otro, se acerca y regresa, se acicala las plumas, o mejor dicho se peina el cabello, y hace todo tipo de sonidos gentiles, murmullos de delicia inefable. Cuando llega la feminidad, este ángel se va, pero a veces regresa, y trae a un pequeño para criarlo."

Estos ejemplos ilustran una cualidad especial más allá de nuestra interpretación usual del mantenimiento del hogar. Es mantener el hogar en un plano celestial—y la mujer está feliz y contenta. También irradia felicidad a los demás, dándoles calidez y alegría. Esto lo hace mediante su presencia, canto, sonrisas, pequeños actos de amabilidad mientras se mueve por la casa, y sus palabras gentiles que son una delicia inefable. Es tan importante para ella su vida doméstica y alegrar su hogar que lo cuenta como "la ocupación de su vida." El ingrediente principal parece ser el de una mujer feliz en su papel de ama de casa.

¿Serán las mujeres de hoy felices como amas de casa? Generalmente hablando, no lo son. ¿Cuáles son sus quejas? Dicen que no hay gloria en esto y pocas gracias, y que sus tareas son penosas y monótonas. ¡No se sienten como diosas!

¿Por qué las mujeres no han hallado la plenitud en su vida doméstica? Es porque no han entendido sus posibilidades celestiales. Han pensado que las hierbas malas son la recompensa en vez de las flores. Algunas escatiman los requerimientos—meramente alimentan y visten a la familia y limpian. Esto, por supuesto, requiere algo de inteligencia pero no es un reto.Sin embargo, se requiere dones de la mente y el espíritu para ser una diosa doméstica, para ser la madre de hombres y mujeres y crear un descanso celestial para su marido.

El papel de una diosa doméstica es un tipo de gloria diferente al que los hombres disfrutan. Es un honor silencioso y sin aclamar, pero es el camino a la plenitud y al amor celestial.

Cómo convertirse en una diosa doméstica

Cuando tomas las obligaciones esenciales de una mujer y añades unos toques femeninos especiales, te puedes convertir en una diosa doméstica. ¿Cuáles son sus obligaciones esenciales? Son el ser ama de casa, madre, y esposa. A continuación se muestra el camino hacia su plenitud.

Mantenimiento del hogar

Deberes

1. Ama de casa
2. Compradora
3. Cocinera
4. Gerente del dinero del hogar
5. Lavadora de ropa

Cómo encontrar la felicidad en el mantenimiento del hogar: Una cualidad esencial de la diosa doméstica es su habilidad de encontrar alegría y satisfacción en su trabajo. Esta satisfacción proviene de su actitud hacia su trabajo y a su habilidad de controlar las actividades de su visa, como se expresan en los siguientes ejemplos:

Actitud hacia el trabajo penoso

Las mujeres deben enfrentar ciertas tareas que no producen alegría. Cada ocupación tiene sus labores aburridas y monótonas y es mejor enfrentarlas por lo que son—una responsabilidad necesaria. Puede que sea un insulto a una mujer inteligente el indicar que ella debe encontrar la alegría en limpiar inodoros y fregar pisos. Su felicidad proviene del logro en sí.

Sin embargo, muchas de nuestras tareas son el origen de un placer verdadero. Cuidar a los hijos, cocinar comidas deliciosas y limpiar la casa puede ser una experiencia placentera. Hay mujeres que disfrutan fregar pisos y paredes, lavar ropa y limpiando armarios. Poco de nuestro trabajo es no placentero, pero cuando tú lo ves de esa forma, es mejor enfrentarlo con una actitud honesta, dándote cuenta de que el trabajo en la vida consiste de una cierta cantidad de labores penosas.

No pidas más tiempo

Algunas amas de casa ocupan demasiados roles fuera de casa, y por lo tanto se les dificulta disfrutar del mantenimiento del hogar. Puede que sean sus propias actividades especiales como pasatiempos, clubs, u organizaciones de servicio público lo que consumen su tiempo. También se podría tratar de un trabajo de medio tiempo o tiempo completo. Esto no quiere decir que estas cosas no valgan la pena, pero se sugiere que podrían ser el por qué ella pide por más tiempo para disfrutar de sus labores domésticas.

Hay actividades específicas dentro del hogar que también le quitan el tiempo a sus actividades más esenciales. Pueden ser mucho tiempo en internet, viendo TV o incluso coser o preservar comida le quitan el tiempo y ella termina apresurándose al último minuto. Cuando este es el caso, es difícil y muchas veces imposible que ella disfrute su trabajo.

A veces la esposa asume parte del rol masculino, lo que ocasiona que necesite de más tiempo para realizar sus labores domésticas. Cuando cualquiera de estas labores externas le quitan el tiempo para realizar también sus labores domésticas, cuando realiza sus tareas del hogar rápidamente "sólo para terminarlo," se le dificulta a ella disfrutar su rol doméstico.

Si observas a las niñas pequeñas jugando a la casita, observarás que no se apresuran a terminar el trabajo. Lo disfrutan demasiado. Doblarán y desdoblarán las cobijas, y cuando hayan cubierto la cuna del bebé con ellas, las quitarán y comenzarán de nuevo. Esto es porque ellas disfrutan lo que están haciendo, y lo disfrutan porque tienen todo el tiempo del mundo.

Si te dices a ti misma, "No tengo tiempo de jugar a la casita como las niñas pequeñas," entonces pregúntate, "¿Qué estoy haciendo que no me deja tiempo? ¿Es más importante que mi alegría en el mantenimiento del hogar?" Puede que se deba a circunstancias individuales, pero valdría la pena organizar el inventario personal sobre lo que importa más en tu vida.

No quiero implicar que vivimos una vida egoísta donde nos permitimos nuestros placeres y comodidades y nuestras propias satisfacciones. El dar de nosotras al servicio de los demás es una obligación sagrada y nos trae gran satisfacción a cambio. Sin embargo, hay mucho tiempo perdido en tonterías, y sería prudente medir cada actividad por su valor, siempre manteniendo nuestros deberes domésticos y el disfrutarlos al inicio de nuestras prioridades.

La mujer que es feliz en su trabajo trae consuelo y estabilidad a su hogar. Sus hijos se sientes seguros, su esposo está en paz, y ambos la admiran por el honor que le aporta a su rol femenino.

Haz un buen trabajo

Si quieres encontrar alegría en tus deberes, hazlos bien. Dando más allá de lo que se espera aligerará el peso del trabajo, lo facilita y se disfruta más. La verdadera grandeza está en realizar bien las tareas comunes, y a cambio otorga satisfacción y felicidad a todos los que se beneficien de estas.

Los fundamentos de un buen mantenimiento del hogar

Lo siguiente resultará en mayor eficiencia en el mantenimiento del hogar:

1. *Concentración*: El manejo de todo un hogar requiere de concentración. Algunas mujeres no pueden soñar despiertas y pensar en problemas y esperar que sus obligaciones serán realizadas eficientemente. Hay ciertas tareas, como planchar, donde es posible soñar despierta, pero la mayor parte de nuestro trabajo requiere de concentración y de las manos para mayor eficiencia.

2. *Organización*: La organización es básica para un buen mantenimiento del hogar. Esto incluye el tener un lugar para todo, tiempo para todo, y algún tipo de plan u horario que seguir. Sé que a muchas mujeres no les gusta un horario rígido, pero la falta de planeación puede llevar al desorden, apresuro, y a la pérdida de tiempo.

Dudo que haya algo sobre el mantenimiento del hogar que sea tan apreciado por el marido que una casa bien organizada, donde la vida en el hogar funciona sin problemas y sin confusiones. Algunas sienten que trabajar diligente y rápidamente logra tal meta. Estas virtudes son importantes, pero la organización es la clave para convertirse en un ama de casa exitosa. El tiempo que tomas en organizar y planear ahorra tiempo en el mismo trabajo.

3. *Primero lo primero.* También es importante el hacer primero lo primero. Con esto me refiero a concentrarse en las tareas más esenciales mientras se dejan en segundo lugar aquellas cosas de menor importancia.

Si enlistas tus seis responsabilidades más urgentes en orden de importancia, usa esto como tu guía cada día, y se incrementará la eficiencia. Por ejemplo:

- Apariencia
- Buenas comidas a tiempo
- Casa limpia y organizada

- Lavar ropa
- Compras importantes
- Cosas auxiliares

Realizar fielmente estas tareas por orden de importancia aumentará la eficiencia en el hogar. Las cosas de menor importancia no deberían realizarse a expensas de estas responsabilidades mayores.

Hay muchas cosas que dejamos que interfieran en nuestras tareas domésticas esenciales. Tales como hablar por teléfono por períodos extensos, pasar horas frente a la computadora en internet, o irse de compras son usualmente por lo que se ignoran las tareas domésticas esenciales.

4. *¡Simplicidad! ¡Simplicidad! ¡Simplicidad!* No puedes convertirte en un buen ama de casa si vives en el desorden. Me refiero al exceso de muebles, platos, ropa, juguetes y otros objetos que desordenan el hogar. O puede que sean objetos sentimentales que han sido pasados de generación en generación. "Objetos invaluables," dirías. Pero no son invaluables si dificultan la vida. No me refiero a objetos realmente bellos que enriquecen nuestra decoración. Sólo me refiero a aquellos que no ofrecen ni utilidad ni belleza.

5. *Trabajo*: Aunque te concentres, organices y simplifiques, no llegarás a ser diosa doméstica si no estás dispuesta a trabajar. El buen mantenimiento del hogar requiere de esfuerzo y logros nobles. Sin

embargo, realizar el trabajo es una bendición para la mujer. ¡El trabajo es nuestra bendición no nuestra condena! Da beneficios espirituales, físicos y mentales al individuo que los realiza.

Por ejemplo: Una amiga que estaba teniendo problemas emocionales fue con un psiquiatra que le aconsejó lo siguiente: "Sra. Jones, le voy a decir cómo aliviarla de sus problemas mentales. Vaya a casa y limpie." Aunque este consejo no se pueda aplicar en todos los casos de disturbios emocionales, si prueba el valor del trabajo honesto. La realización fiel de los quehaceres femeninos también le conceden felicidad interna a la mujer. Es el nadar río arriba o los grandes esfuerzos de la vida lo que nos llevan a la alegría eterna. Incluso a los beneficios físicos.

El toque femenino

A un hombre le gusta un hogar limpio y ordenado, pero también disfruta de los toques femeninos que la diosa doméstica le agrega.

1. *Cocinar*: He hablado con hombres que recuerdan la cocina de sus madres—especialmente recuerdan el delicioso aroma. Tales cosas como el pan casero, freír cebollas, y hornear roles de canela despiertan el sentimiento y la apreciación. Las mujeres italianas e hispánicas son conocidas por sus esfuerzos de complacer el apetito de sus esposos. Hay días en los

que pasan todo el día en la cocina preparando una de sus recetas especiales favoritas.

2. *Mantenimiento del hogar*: ¿Algunas vez has escuchado la frase, "¡Se nota que una mujer vive aquí!"? Hay señales como los cojines suaves, un tazón de fruta tentador, una alfombra suave frente a la chimenea, cortinas con volantes, pinturas y ornamentos artísticos que revelan el toque femenino.

3. *Hazlo sentir cómodo*: ¡El hogar de un hombre es su castillo! Cuando él llega a casa sentirá la libertad de echar su abrigo en una silla, sentarse donde quiera, y acostarse en su propia cama sin que se preocupe por arrugar las sábanas.

Una de mis conocidas era un ama de casa inmaculada. Sus pisos estaban pulidos y su casa estaba limpia, pero su marido nunca se sintió cómodo en su propio hogar. Se divorciaron, y él se casó con una mujer que lo hacía sentir más cómodo, y al comparar ambas esto es lo que dijo, "El cambio de mujeres fue como quitarse un par de zapatos apretados y ponerse un par de pantuflas suaves y cómodas."

Dale el privilegio de apilar papeles en su escritorio, o de colgar sus diplomas en las paredes, o de colocar sus zapatos debajo de la cama si gusta. ¡Si lo tratas como el rey en su castillo, él te tratara como su reina!

Ser madre

Labores

1. Cuidado físico
2. Personalidad
3. Entrenamiento espiritual
4. Desarrollo divertido

Una gran responsabilidad

"El entrenamiento del alma humana para el avance y alegría de aquí en adelante necesita los poderes más grandes de la mente y el corazón. Generalmente los psicólogos y estudiantes admiten que los primeros años de vida son cruciales para determinar el futuro que un niño tendrá física, mental, y espiritualmente; esa gran responsabilidad le pertenece por derecho a la mujer quién carga y nutre a toda la raza humana. De seguro ninguna mujer en su mejor juicio podría querer más responsabilidad ni más pruebas de poderes innatos que éste…Suyo es el derecho de cargar y llevar hacia la madurez así como influenciar para bien o mal a las almas preciosas de los hombres." (Leah D. Widstoe)

Ser una madre exitosa es mejor que ser una cantante de ópera, escritora o artista exitosa. Una es la grandeza universal y eterna mientras que la otra es meramente fenomenal. Por supuesto que una gran madre se puede convertir en una gran artista. Pero si la grandeza secundaria no se le incluye a la que es fundamental, entonces es simplemente un honor vacío.

Un día mi hijo más joven me dijo, "Madre, los niños son más importantes que las niñas, ¿verdad? Ya que ellos se convierten en presidentes, y generales, y en gente famosa." Le respondí, "La mujeres pueden volverse presidentes, pero son las madres quienes crían a los presidentes, y hombres de gobierno, y músico. La mano que mece la cuna es la mano que rige el mundo."

Lo que un hombre quiere

Él quiere a una mujer que disfrute darle hijos e hijas. Puede que se queje y se oponga al nacimiento de más hijos, pero quiere que una mujer respete su función y no la deshonre. No sólo es importante su disposición a llevar hijos, sino también lo es su cuidado gentil de los niños. La diosa doméstica siempre estará consciente y preocupada por el cuidado físico de sus hijos; se encargará que estén propiamente alimentados y bañados. Se enorgullece de la forma en que se ven y nunca permite que sientan hambre, frío, o se sientan ignorados.

Es una madre risueña, gentil y simpática que le enseña a sus hijos a ser felices, y les ofrece elogio y comprensión—les da pan para sus almas y sus cuerpos. ¡Esto es una diosa doméstica!

Cómo encontrar la alegría en tu papel como madre

La mujer encuentra la plenitud en su papel como madre a través de la excelencia y en no escatimar los requerimientos. ¿Cuál es el requerimiento más básico para el cuidado de un hijo? Es el alimentar, resguardar, y vestir al niño. La diosa doméstica va más allá de esto y se entrega completamente al cuidado paciente y devoción pura de su hijo, y al hacerlo encuentra la alegría en su rol como madre.

Esposa

Labores

1. Apoyar el papel del esposo
2. Compañera amorosa
3. Compañera sexual
4. Reina de su hogar

Las primeras dos labores se cubrieron en otras partes del libro. Es la cuarta la que es esencial en el papel de la mujer en el hogar. El término de diosa doméstica implica mucho más que el buen mantenimiento del hogar y ser buena madre. Sugiere que la mujer misma es la reina de su hogar. Hay dos cualidades que son esenciales para que ella obtenga esta posición elevada. Son:

La dignidad propia

Aunque el papel de una mujer incluya el auto-sacrificio, hay una cualidad de dignidad propia que mantiene al papel alejado de la servidumbre. Es una cualidad de carácter a la que me he referido como una virtud esencial en la mujer. Se debe tener en mente junto con el hogar.

Hay hogares en donde la mujer no tiene esta dignidad propia, donde se convierte en una esclava de sí misma para su familia, quien en lugar de agradecerle le recompensan con tolerancia a regañadientes. Siempre la llaman para hacer esto o aquello y jamás lo duda. Uno pensaría que es apreciada. ¿Por qué le retiene su familia este honor? Es por su falta de dignidad propia.

Todos tenemos un ideal en mente de lo que una mujer debe ser. Pero cuando vemos a esta criatura divina, mujer, transformada en una esclava robótica, sólo podemos tenerle lástima. Dentro de su esclavitud hacia los demás pareciera que le está pagando el tributo de un inferior a un superior.

Por otro lado, si ella no permite que otros le impongan y hagan demandas injustas, observamos su noble sacrificio en el hogar como un carácter altruista.

Su presencia alumbra el hogar

Deruchette tenía la habilidad de iluminar su hogar. "Cuando se acercaba traía una calidez alegre. Si una mujer tomará su lugar como Reina en el hogar, no debe verse como un ama de casa cansada, enojada, cínica y desinteresada."

No pienses que la diosa doméstica está lejos de tus habilidades. Dios te asignó esta responsabilidad, y por lo tanto te ha otorgado todo el potencial para su cumplimiento si desarrollas tus talentos y poderes escondidos.

Nuestra deuda con la sociedad

Aunque es nuestra responsabilidad el convertirnos en la diosa doméstica, se puede volver una existencia muy estrecha si continuamos por no interesarnos en otros indefinidamente. Le debemos al público un cierto bien en el mundo, y es la benevolencia que enriquece la vida de una mujer. Si el ama de casa puede incrementar su eficiencia en el hogar, también puede ayudar a aquellos que la necesiten; se convertirá en una persona mejor y una madre y esposa aún mejor.

Se trata del carácter

Es fácil ver que el ser madre requiere de carácter, pero puede que no hayas considerado que también se necesita en el mantenimiento del hogar. Por ejemplo, el buen mantenimiento se trata esencialmente del carácter. Por ejemplo:

1. *Egocentrismo*: Las mujeres que no son buenas amas de casa demuestran a veces una falta de carácter al pensar demasiado cómo les gusta pasar el tiempo y muy poco en los sentimientos y necesidades de sus familias. Las horas que pasan al teléfono, comprando, acicalándose y otras actividades egoístas mientras ignoran sus tareas domésticas indican una debilidad en el carácter.

2. *Falta de organización*: Dios es nuestro diseño de perfección. Él demuestra la importancia en el orden de todas las creaciones, desde el cuerpo humano hasta los planetas en los cielos. El fracaso a seguir este ejemplo eterno indica una falta de carácter.

3. *Falta de conocimiento*: Algunas justifican el mal mantenimiento del hogar con una falta de conocimiento. Ella se puede apoyar y buscar el conocimiento que la ayudará a crecer y convertirse no sólo más exitosa, pero más feliz también.

Recompensas

Aunque el convertirse en una diosa doméstica requiera de esfuerzo, no es mucho sacrificio ya que en otras fases de la mujer fascinante, las recompensas enriquecedoras llegan. La mujer es bendecida especialmente al cumplir su papel femenino, ya que es ahí donde yace su verdadera felicidad. Los siguientes ejemplos nos lo ilustrarán:

Historia de éxito

Ahora sé que lo hago en esta Tierra y la felicidad que le llega a una mujer. Antes, nunca pensé que una mujer era más que un muñeco que sólo dice "Sí, amor." No podía ser feliz de este modo y resultó en mi compitiendo con los hombres, en especial con mi esposo. Yo tomaba las decisiones por nosotros e intentaba ayudarle a mi esposo, y me esforzaba por convencerlo de que tengo un cerebro sobre mis hombros. Todo esto me alejó de lo que yo realmente quería—su amor.

Es tan fácil ahora. Es tan divertido dedicar todo mi día a hacer cosas por él que siempre debí hacer. Odié perder los días románticos de nuestro compromiso y del inicio de nuestro matrimonio, pero ahora están regresado, tal como dijiste que lo harían. Ahora disfruto ser mujer. Es bastante divertido.

Historia de éxito

Creo que la mayoría de las mujeres sufren una crisis en su vida, o llegan a un punto donde deben encontrarse cara a cara con la realización de que no se sienten plenas. Supongo que es por esto que muchas mujeres quieren dejar sus casas por el glamour del mundo laboral. Yo no tuve tales deseos, pero sí me sentía como esclava. Buscaba el verdadero propósito de ser mujer. ¿Será solamente el tener hijos y realizar las infinitas tareas del hogar? Me sentía un tanto indispensable, y aún así no me podía convencer de que este papel inferior era mi vida. *La mujer fascinante* me enseñó las posibilidades celestiales que le esperan a las mujeres. Estoy muy contenta con los resultados.

Historia de éxito

En el pasado sentía que el convertirme en madre era toda la alegría se ser madre para mí. Sentía envidia de los hombres y su papel en sociedad. Me sentía atrapada en mi casa. Este nuevo concepto y respeto por mi género es una de las cosas más maravillosas que me han sucedido. Mi matrimonio ya es más feliz de lo que creí posible. Mi marido tiene un nuevo salto en su paso y una nueva nota de autoridad en su voz que es maravilloso observar, y yo por fin estoy muy satisfecha y feliz con ser una mujer.

Ejercicios

Enlista en orden de importancia tus seis responsabilidades más esenciales. Si no estás segura de cómo deberías colocarlas, consulta a tu esposo para saber su opinión.

El lado humano es *lo que una mujer hace,* e incluye su apariencia, su comportamiento y sus acciones. Es su niñez extrema, la dependencia hacia su esposo, su delicadez y feminidad. También es su alegría, vivacidad, y sus travesuras. Añádele a todo esto un brillo rojizo de salud vibrante y una pizca de agallas y picardía y una actitud subyacente de confianza y ternura, y comienzas a construir una criatura humana encantadora—una que se ganará el corazón de un hombre.

Las cualidades humanas fascinan a los hombres. Encantan, cautivan, entretienen, y les despiertan un sentimiento cariñoso—un deseo de proteger y resguardar. Encienden una chispa o una fuerza impulsiva en el hombre que a veces ocasionan que él haga cosas que parecieran ser tontas. Este es el loco enamoramiento e indulgencia que lo llevan al pináculo de la alegría.

En algunas ocasiones, las cualidades humanas causarán que un hombre de inteligencia y carácter se case con una muchacha de cualidades dudosas—quizás alguna "muñeca descerebrada" que encuentre irresistible. Uno esperaría que un hombre así elija más sabiamente a una compañera, pero su atractivo humano ha cegado al amor. La fascinación que David Copperfield tenía por Dora se debía a sus características humanas, y ocasionó que se alejara de la Agnes angelical y se casara con Dora.

Las cualidades humanas tienen un atractivo tremendo. Si algo se puede decir de ellas, es que tienen un poder más inmediato sobre el hombre común que las angelicales.

No son difíciles de adquirir. Si no las tienes es porque las has reprimido.

No son impías, ya que enriquecen la vida de un hombre, y cuando se combinan con las angelicales ocasionan que un hombre experimente el amor celestial.

Capítulo 14

Feminidad
La cualidad gentil y tierna

La feminidad es una cualidad gentil y tierna que se encuentra que la apariencia, comportamiento y acciones de la mujer, y en su actitud en general. Ninguna otra cualidad tiene tanto atractivo para los hombres, ya que es un contraste directo de su propia masculinidad fuerte. Este contraste, cuando se le presta atención, hace que él se sienta viril, y esta realización de su propia masculinidad es una de las sensaciones más placenteras que el puede experimentar. La mujer extremadamente femenina es encantadora para los hombres, y la mujer que no tenga esta cualidad será incluso repulsiva para ellos.

La feminidad se adquiere al *acentuar las diferencias entre ti y el hombre, no las similitudes*. Puedes aplicar este principio en tu apariencia, tu comportamiento, tus acciones e incluso en tu actitud. Entre más diferente seas de ellos, más femenina te volverás.

La apariencia femenina

Para fascinar a los hombres, las mujeres deben usar sólo aquellos materiales y estilos que sean diferente a los que usan los hombres, por tanto acentuando el contraste en la vestimenta de los hombres.

1. *Materiales*:

    a. Tejidos: Evita la lana, arenques, y los acabados duros de lana. Los materiales que son los extremos de la feminidad son el chiffon, la seda, el encaje, el terciopelo, las pieles, la angora, y el organdí. Puedes usar estos cuando quieras tener el máximo atractivo femenino, pero ciertamente no son apropiadas para cualquier ocasión. El algodón, la lana suave y telas sintéticas también pueden ser femeninas.

    b. *Colores*: Los colores que son bastante femeninos son los pasteles y los colores vívidos. Los demás pueden ser usados si el tejido, diseño o estilos básicos son femeninos.

    c. Diseño: Los diseños florales y de puntos son femeninos. Los otros varían. Hay que cuidarse de los diseños a cuadros como en la tela escocesa y de leñador, rayas, arenques y ciertas figuras geométricas. Sin embargo, se pueden usar si el estilo básico o el color es femenino.

2. *Estilo*:

a. Estilo básico: Evita los estilos entallados o cualquier alusión a la masculinidad. Sin embargo, estos estilos se pueden usar si es en un color extremadamente femenino o se utiliza en una tela como terciopelo o encaje. El efecto puede ser encantador. Los estilos extremadamente femeninos son tales como las faldas, volantes, scallops, mangas femeninas, gathers, pliegues, colas con caída, y muchos otros. Estos estilos no siempre están a la moda ni son prácticos para cualquier ocasión. Sin embargo, hay estilos femeninos que están siempre disponibles para toda ocasión. El vestido en sí es femenino, ya que los hombres masculinos no los usan.

Es difícil recomendar un estilo femenino que le quede a todas las mujeres ya que nuestras figuras varían. Una regla segura sería evitar cualquier similitud con lo masculino, y cuando se desee un estilo bastante femenino, elige uno que sea muy opuesto a lo masculino.

Observé a una mujer en la tienda departamental una mañana en lo que yo consideraba un estilo bastante femenino. Llevaba un vestido de lino negro, collar de chiffon de dos capas y bastante abombado. Me parecía suave, adorable y totalmente apropiado para sus compras matutinas.

Si se utilizan pantalones, deberían ser de un color o tela femenina, y usados con una blusa o top que suavice cualquier efecto masculino.

b. Corte: El corte puede darle un efecto femenino a lo que de otra forma sería un vestido simple. Encaje, moños, listones coloridos, franjas, bordados, cuentas, y muchos tipos de trenzas expresan un look femenino.

3. *Accesorios*: Evita las bolsas que se parezcan a los portafolios de los hombres y los zapatos de estilos masculinos. Usa mascadas suaves, flores, joyería y listones.

Lo importante que debes considerar es la impresión en general que das. Esfuérzate por lograr la suavidad, ligereza, delicadeza y un contraste notable con la masculinidad. Este efecto puede ser fascinante para un hombre.

Una madre me contó que cuando su hijo veía un extremo de feminidad, le dijo a su madre con una emoción recién despierta, "¡Mamá, mira! Se ve tan delicada!"

La feminidad de la niña pequeña

El atractivo que muestra una niña de cuatro años en jeans simples y sucios, calcetas arrugadas, y cabello despeinado es bastante diferente al atractivo que la misma niña muestra en Domingo, cuando se viste en un vestido suave de organdí con los hoyuelos de sus rodillas asomándose por encima de las calcetas y zapatos brillantes, y con listones delicados y cabello recién enchinado adornando su carita. Puede que no notes al niño andrógino, pero no puedes resistir el impulso de tomar a la niña del domingo y abrazarla contra tu pecho. Ahora, si esta misma niña del domingo usara un vestido negro entallado, un sombrero extremadamente negro con su cabello aplastado contra su cabeza en lugar de usar su vestimenta adorable antes mencionada, no tendría atractivo alguno.

Lo que deberías tener es vestimenta que nunca le hará olvidar que eres mujer. Debes enfatizar este hecho lo más posible durante del día. Este principio debería ser aplicado a cada prenda de tu vestimenta, desde los zapatos hasta el cepillo hasta el delantal hasta el vestido de casa y el vestido social rebuscado.

Los hombres son afectados por las convenciones modernas y puede que prefieran que te vistas de forma conservadora en público, pero a veces tendrán el deseo secreto o el capricho de cómo les gustaría verte vestida en casa o en ocasiones especiales. Mi abuelo quería que mi abuela tuviera un vestido de terciopelo rojo, pero ella era demasiado conservadora para cumplir este deseo.

El comportamiento femenino

Hemos indicado los fundamentos de la vestimenta femenina y apariencia, pero si a esto no le agregas el comportamiento femenino, el efecto total podría ser irritante o incluso cómico. Todas hemos visto a mujeres que se visten con los vestidos más femeninos, pero los visten como si fueran la persona incorrecta. No se comportan en una forma que armonice con su ropa. Son *"profesores en chiffon, osos en encaje o postes de madera en organdí."*

¿Cuál es el comportamiento femenino? Son los movimientos del cuerpo de una mujer, la forma en que usa sus manos, su forma de andar y hablar, el sonido de su voz, sus expresiones faciales y su risa. Parece que es más importante que su apariencia ya que es un contraste aún mayor de la fortaleza y firmeza masculina.

David Copperfield estaba fascinado por el comportamiento encantador de Dora. La forma en que acariciaba a los caballos, daba nalgadas a su perro, o colocaba las flores contra su barbilla era atractivo para él. "Tenía la vocecilla más encantadora, la risita más alegre, y los modos más placenteros y fascinantes."

Una vistazo hacia la feminidad

En el Claustro y el Hogar[10] escrito por Charles Reade hay un ejemplo de la sensación emocionante que el comportamiento femenino puede despertar en un hombre.

"Luego vino una pequeña dificultad: Gerard no podía atar de nuevo su moño como Catherine [su madre] lo había hecho. Margaret, tras observar astutamente sus esfuerzos durante un tiempo, le ofreció su ayuda; ya que a su edad las niñas aman ser tímidas y cariñosas, pícaras y gentiles por turnos; luego una cabeza hermosa, con su corona majestuosa de rizos rojizos, lustrosos y brillando con la plata, le hizo una reverencia; y mientras embelesaba sus ojos, dos manos pálidas y flexibles jugaban delicadamente con el moño testarudo, y lo moldeaba con toques suaves y airosos. Luego, una emoción celestial corrió a través del hombrecito inocente, y se le abrió una vistazo de un mundo de sensaciones y sentimientos nuevo. – Y Margaret prolongó involuntariamente estas sensaciones exquisitas nuevas. No, cuando los dedos afilados hubieron finalmente dominado los extremos del nudo, la mente de ella no estaba exactamente quieta, a través de una maniobra peculiar para la mano femenina, hizo una curva con su palma y le aplicó algo de presión al centro del nudo—un

---

[10] The Cloister and the Hearth

pequeño beso dulce y halagador de la mano para decir, 'Ahora sé un moño bueno, y quédate así!...¡Listo, así era!' dijo Margaret, y se alejó para inspeccionar su trabajo por última vez; luego miró hacia arriba para buscar la aprobación de su habilidad, y recibió en sus ojos una mirada anhelante de tanta adoración que provocó que mirara hacia abajo y se sonrojara una vez más."

Cómo adquirir un comportamiento femenino

Adquiere un comportamiento femenino al acentuar las diferencias entre ti y los hombres, no las similitudes. Ya que los hombres son fuertes, resistentes, firmes y pesados en su comportamiento, tú debes ser delicada, tierna, gentil y ligera. Demuestras esto en la forma que caminas, hablas, usas tu manos y te comportas generalmente.

1. *Las manos*: Hemos visto cómo Dora y Margaret encantaron a los hombres con el uso de sus manos. Usamos nuestras manos tan constantemente que es una parte importante del comportamiento femenino. La forma en que estrechas manos con los hombres es importante. Debería haber gentileza y nunca demasiada firmeza y fuerza. Aunque estás tratando de fascinar solamente a tu propio esposo, deberás hacer de la feminidad una parte consistente de tu personalidad. Él estará orgulloso de la impresión femenina que le das a otros. Y cuando tomas el brazo de un hombre, coloca el tuyo ligeramente sobre el de él

y no lo uses como soporte, así como usarías una muleta.

2. *El andar*: Otra parte importante del comportamiento femenino es el andar. Deruchette tenía "el reposo de una mujer de las Antillas." ¡Imagina que pesas 43 kilos! Muchos de los puntos que se enfatizan en las clases de señoritas, como la puntas mirando hacia el frente, camina en línea derecha con la cabeza recta—añádelos al encanto, pero no son tan esenciales a la feminidad como la ligereza, suavidad, y gracia.

3. *La voz*: Dora tenía "una vocecilla encantadora." La voz femenina es gentil, tierna y variable. Puede ser alta y burbujeante, o suave y melosa, y a veces es como un suspiro, pero jamás es demasiado firme, alta o severa.

4. *La risa*: Hay algunas mujeres que se ríen de una forma no muy femenina. Abren sus bocas de par en par, tiran la cabeza hacia atrás, cierran los ojos y rugen. Si puedes evitar estos extremos, la risa por lo menos será aceptable.

5. *La cualidad de arrullo o ronroneo*: Esta es una cualidad extremadamente femenina. Deruchette "hacía todo tipo de sonidos gentiles, murmullos de inefable deleite a ciertos oídos." Es un tipo intimo de conversación que es consolador y femenino par aun hombre. Es una cualidad como del ronroneo de un gato en la voz de una mujer.

6. *Expresiones faciales*: La severidad, amargura, el fruncimiento feroz del ceño, y los labios apretados revelan un carácter no saludable y destruyen el encanto femenino. Por otro lado, los ojos tiernos, una sonrisa gentil, y una expresión serena revelan la cualidad tierna del espíritu, y por tanto son femeninos.

7. *Conversación*: Tu conversación y tus expresiones faciales son las expresiones humanas de un espíritu gentil y tierno. Debe emanar de tu alma, pero lo hace a través del comportamiento femenino. Es la gloria de la mujer femenina y es tan importante para el esposo, los hijos y cualquier persona que conozca.

Conversación femenina con los hijos

La madre gentil, tierna y paciente es femenina. No esperes a alguna emergencia extrema para demostrar tal cariño a tus hijos. Cuando tu hijo pase a tu lado, dale una palmadita en la cabeza y dile algo como, "Mi amor," o toma a tu hija en tus brazos y dile, "Eres justamente el tipo de hija que siempre quise." O coloca tus manos sobre los hombros de tu hijo mayor y dile, "Eres un buen chico y estoy muy orgullosa de ti." Estas cosas no deberían ser dichas ocasionalmente, ¡sino diariamente! Sé amable, simpática, y comprensiva con ellos y sus problemas especiales, y deliberadamente vigila que reciban una dieta estable de tu cariño. Esto ayudará a que tus hijos no se alejen, y desarrollarán tu lado femenino aún más que cualquier cosa que hagas.

Ser mandona, irritable y severa no ayudan al buen comportamiento y destruyen el encanto femenino.

El método femenino con tu esposo

El método tierno y femenino de una mujer puede domar hasta el hombre más difícil. La siguiente historia lo ilustrará:

Los bigotes del tigre: un cuento folclórico coreano

La historia es de Yun Ok, una chica casada que llegó a la casa de un sabio para buscar consejo. Este era su problema:

"Es mi marido, sabio," ella dijo, "Yo lo quiero mucho. Ha estado peleando los últimos tres años en las guerras. Ahora que ha regresado apenas me dirige la palabra o cualquier otra persona. Si hablo, no parece que me escuche. Cuando siquiera habla, es severo. Si le sirvo comida que no le agrada, la hace de lado y se va enojado de la habitación. A veces cuando debería estar trabajando en los campos de arroz, ¡lo veo sentado en la cima de la montaña mirando al mar!" dijo ella, "así que será tan amoroso y gentil como solía ser."

El sabio le instruyó a la joven que consiguiera el bigote de un tigre vivo, y de este él podría hacer una poción mágica.

En la noche, mientras su marido dormía, se escabulló de la casa con un plato de arroz y jugo de carne en sus manos. Fue hasta la montaña donde se sabía que vivía el tigre. Alejada de la cueva del tigre, acercó el plato de comida, llamó al tigre a salir y comer, pero el Tigre no apareció.

Cada noche que regresaba hacía lo mismo y cada vez se acercaba más. Aunque el tigre no salía a comer, se acostumbró a verla ahí.

Una noche ella se acercó a la distancia de una roca. Esta vez el tigre dio unos pasos hacia ella y se detuvo. Los dos se vieron bajo la luz de la luna. Sucedió de nuevo a la noche siguiente, y esta vez estaban tan cerca que ella pudo hablarle en un tono de voz suave y tranquilizante.

La siguiente noche, después de ver sus ojos detenidamente, el tigre comió la comida que le trajo. Después de eso, cuando Yun Ok vino en la noche, se encontró al tigre esperándola en el camino. Pasaron casi seis meses desde su primera visita. Finalmente, una noche después de acariciar la cabeza del animal, ella dijo, "Oh, animal generoso, debo tener uno de tus bigotes. No te enojes conmigo." Y ella cortó uno de los bigotes.

El tigre no se enojó como ella había temido. Regresó por el camino, corriendo con el bigote apretado en su mano. Cuando se lo llevó al sabio, él lo examinó para comprobar que era real, y lo arrojó al fuego, dejando sorprendida a la pobre joven. Entonces el sabio dijo, "Yun Ok, ¿es un hombre más salvaje que un tigre?

¿Responde menos a la amabilidad y comprensión? Si puedes ganarte el amor y la confianza de un animal salvaje y sediento de sangre con gentileza y paciencia, de seguro podrás hacer lo mismo con tu esposo."

Es sorprendente ver cómo pocas mujeres se dan cuenta del potencial de su feminidad. Muchas veces vemos a hombres y mujeres ocupados en peleas viciosas como si fueran animales sedientos de sangre. Pero con un arma tan poderosa como la feminidad, una mujer es bastante ciega al usar garras y colmillos.

Languidez fascinante

La languidez es una característica femenina, y es un aire relajado, tranquilo y callado similar al de un gato relajándose ante la chimenea. Es como el toque de terciopelo y es tranquilizante y atractivo para los hombres. "Deruchette a veces tenía un semblante de languidez fascinante." La languidez es otra variación del comportamiento femenino.

Lo opuesto a la languidez sería la mujer nerviosa que se la pasa mordiéndose las uñas, jugando con sus llaves, retorciendo su pañuelo o retorciendo su cabello.

Los sí y no del comportamiento femenino

No

1. Les des palmadas en la espalda a los hombres
2. Silbes alto
3. Rugas con los chistes

4. Grites
5. Te atragantes de comida
6. Eches la cabeza hacia atrás mientras tomas
7. Te apoyes en el brazo de un hombre
8. Tomes la mano de un hombre con mucha fuerza
9. Camines pesado
10. Te veas feroz o severa
11. Hables severamente

Sí

1. Estrecha las manos delicadamente con hombres
2. Habla suave y tiernamente
3. Camina ligeramente
4. Come silenciosamente
5. Toma ligeramente el brazo de un hombre
6. Aparenta la ternura
7. Haz comentarios tiernos a tus hijos
8. Responde con el poder de la feminidad cuando tu esposo sea severo

Ejercicios

Si tu esposo se encuentra de mal humor, dile con ternura, "Mi pobrecito, creo que has tenido un mal día."

Dile a tus hijos, a una niña de cualquier edad: "¿Cómo se encuentra hoy mi dulce pequeña?"

A un niño pequeño, "Eres un amor. ¿Sabías que estoy muy orgullosa de ti?"

A un muchacho joven, "¡Es tan maravilloso tener un hijo tan fuerte y capaz como tú!"

Capítulo 15

Dependencia femenina

La dependencia femenina son las acciones femeninas de una mujer. Se puede describir mejor diciendo, "Es su falta de habilidad masculina." El papel de un hombre, como hemos aprendido, es el guiar, proteger, y proveer a una mujer. Su necesidad por el cuidado masculino se llama dependencia femenina.

No pienses que el proteger a una mujer es una imposición sobre el hombre. Una de las sensaciones más placenteras que sentirá un hombre es la consciencia del poder ofrecer su cuidado y protección masculinas. Si le robas de esta sensación de fuerza y habilidad superior, le robas de su masculinidad. Es un placer para él el proteger y resguardar a una mujer femenina. Entre más grande, más masculino y más listo sea un hombre, más se sentirá atraído a esta cualidad.

Lo que los hombres sienten ante una mujer capaz

¿Qué sucede cuando el hombre común de sangre roja se encuentra con una mujer obviamente capaz, intelectual y competente que se independiza de cualquier tipo de ayuda un simple hombre pueda ofrecer, y que sea capaz de alcanzar o vencerlo en su propio juego? En la presencia de tal fuerza y habilidad en una mujer, él se siente como una inútil e ineficaz imitación de un hombre. Es la sensación más incómoda y humillante que un hombre pueda sentir. La mujer que despierta esto se vuelve repugnante para él.

Un hombre no puede sentir alegría ni satisfacción de proteger a una mujer que obviamente no lo necesita. Sólo disfruta proteger o resguardar a la mujer que necesita de su cuidado masculino, o que al menos aparente necesitarlo.

Lo que los hombres sienten ante la mujer que lo necesita

Cuando un hombre se encuentra ante la presencia de una mujer tierna, gentil, de confiar y dependiente, él inmediatamente siente una expansión sublime de su poder de proteger y resguardar a esta criatura encantadora y delicada. Ante la presencia de tal debilidad, él se siente más fuerte, más competente, más grande y masculino que nunca. Este sentimiento de fortaleza y poder es lo más placentero que pueda experimentar. La aparente necesidad de la mujer por protección, en lugar de despertar desdén por su falta de habilidad, apela al sentimiento más noble dentro de él.

Amelia

Un ejemplo perfecto de la dependencia femenina en una mujer es el personaje de Amelia en Vanity Fair. A continuación sigue una descripción de ella y el encanto que poseía ante los hombres.

"Todas los que formaban el círculo pequeño entre los conocidos de Amelia se encontraban bastante enojadas con el entusiasmo que el sexo opuesto sentía por ella. Casi todos los hombres que se acercaban a ella, la amaban, aunque no había duda de por qué se perdían en ella. Ella no era brillante, ni astuta, ni sabia, ni extraordinariamente guapa. Pero a donde ella fuera conmovía y encantaba a todos los del sexo masculino, tan invariablemente como despertaba el desdén y la incredulidad de su propia hermandad. Creo que su debilidad era su encanto principal: un tipo de sumisión dulce y una suavidad que parecía atraer a cada hombre que conocía por su simpatía y protección."

Sra. Woodrow Wilson

La Sra. Wilson era una mujer tierna y femenina, y su esposo escribió esto de ella, "Qué fuente de estabilidad y fuerza es ella para mí en tales ocasiones de la duda demasiado intima que tengo sobre mí, y el tener un punto fijo de seguridad y certeza—esa perfección constante, irrompible y excelente de mi pequeña esposa, con su porte, su capacidad fácil en acción, su coraje indefectible, su pensamiento rápido y eficiente—y el encanto que que va con todo esto, la dulzura, la gracia femenina,—ninguna de las penas usuales de la eficiencia—sin severidad, sin astucia incisiva, sin aire de comandar o de una opinión inquebrantable. La mayoría de las mujeres que son eficientes resultan ser terrores."

La mujer eficiente que los hombres admiran

Ocasionalmente notamos hombres que admiran a las mujeres que son eficientes y capaces. No dejes que esto te confunda. Aunque el hombre tenga una admiración genuina por tal mujer, no significa que la encuentre atractiva. Sin duda la admira como admiraría a otro hombre—con aprecio por su habilidad.

¿Cómo adquirimos la dependencia femenina?

1. *Comportamiento y actitud*: Debes deshacerte cualquier semblante de fortaleza y habilidad masculina, de competencia y valentía, y en vez adquiere un semblante de dependencia por el hombre para que cuide de ti. El aire de ser capaz de "matar a tus propias serpientes" es justo lo que destruye el encanto de tantas mujeres profesionales. Y es la ausencia de este aire lo que permite que cualquier muñeca sin sentido capture a un hombre capaz e

inteligente quien uno esperaría eligiera a una compañera más sensata.

Las mujeres tienden a demostrar una actitud demasiado capaz en lo que dicen. Por ejemplo, hay mujeres que se oponen al seguro de vida con la excusa de, "Si algo te sucede, yo podría cuidar de mi misma sin problemas." O cuando planean un viaje o una mudanza, ni siquiera piensan en necesitar el cuidado o protección masculino.

2. *Prueba tu necesidad por él con los siguientes métodos*:

   a. Deja de realizar tareas y obligaciones pesadas y masculinas.

   b. Cuando tengas que realizar un trabajo masculino, hazlo de forma femenina.

Eliminando el trabajo masculino

Para obtener la cualidad de la dependencia femenina, es esencial que elimines el trabajo pesado masculino. Si has asumido tal responsabilidad por años, puede que se te dificulte realizar un cambio por completo, pero reduce tanto trabajo como te sea posible, especialmente las tareas más agotadoras. Me refiero a tales trabajos como pintar, cargar cajas pesadas, carpintería, realizar viajes sola a largas distancias, enfrentarte a la oscuridad, encarar acreedores, y reparar el horno.

Es importante que renuncies a las tareas masculinas más agotadoras donde te sea posible. Puede que digas, "Lo he intentado, pero no funciona. Dejé de reparar el tejado y sólo tuvimos más fugas. Y si no pintara mi propia cocina, nunca quedaría pintada. Él no hace estas cosas por mí así que debo recurrir a hacerlas yo misma." Esta es la respuesta común.

El problema yace en el hecho de que la mujer no se detiene completamente, sino temporalmente. Nunca suelta ni se aleja de las responsabilidades masculinas. De esta forma, pareciera que ella no lo necesita en estas áreas. "Pero," dirías de nuevo, "Si yo no las hago, él tampoco las hace. ¿Qué sucederá? Alguien debe hacerlo."

Pero, ¿deben? ¿Debe el carro estar reparado, la cocina pintada, y ganar batallas a expensas del encanto femenino? La mujer debe aprender a alejarse completamente de las tareas masculinas a menos que en una emergencia se vuelva viuda o divorciada.

Tampoco deberías criticar a tu esposo si falla en realizar estas tareas masculinas. Si se te dificulta aceptar este fracaso, elimina tu actitud crítica al preguntarte, "¿He realizado yo mis tareas bien hoy? ¿Estuve vestida y arreglada antes del desayuno? ¿Le serví a mi marido comidas bien preparadas? ¿Está mi casa limpia y ordenada? ¿He sido paciente con mis hijos? ¿Soy amorosa y comprensiva con mi esposo?" Después de haber respondido, pregúntate, "¿Tengo el derecho a estar resentida porque él ignora sus deberes?"

"Pero," dirías de nuevo, "No soporto que el techo esté goteando y que la puerta se esté soltando de sus bisagras." Si no puedes hacer estos sacrificios temporales, no puedes convertirte en Angela Humana—ni puedes despertar la caballerosidad de un hombre. Estos objetos materiales serán polvo algún día, pero tu matrimonio, si preparas bien el terreno, podría durar por la eternidad.

Al tomar el primer paso en soltar la responsabilidad masculina, lo mejor y más justo es acudir a tu esposo y expresarte. Dile que no te sientes femenina al hacer estar cosas, y que realmente quieres convertirte en una mujer femenina y vivir dentro de los límites de tu papel. Luego pregúntale, de forma dulce, si él haría estas tareas por ti.

Esta petición es muy atractiva para un hombre y usualmente lo inspirará a ir al rescate. Qué mejor es esto que quejarse y hacerlo sentir avergonzado por ignorar sus tareas masculinas, o presionarlo a que las termine. De todas formas no funcionaría.

Después de realizar tu petición, no sigas repitiendo el punto. Si él ignora sus tareas, enfréntalas con la actitud descrita anteriormente.

Tareas masculinas realizadas de forma femenina

Al regresar a una cualidad de dependencia habrá momentos en los que te quedes "atada" a algún trabajo masculino. Si debes hacerlo, entonces demuestra tu necesidad por él de forma femenina. Hazlo como una verdadera mujer femenina lo haría. No depende de ti el realizar estas tareas masculinas con la misma habilidad que tienen los hombres. Si debes pintar, reparar el horno, el carro o el tejado, no lo hagas con eficiencia masculina. Sólo sé tú misma—tu verdadero yo femenino, y tu esposo rápidamente se dará cuenta de que necesitas asistencia masculina. Ilustraré cómo hacer esto mediante los siguientes ejemplos:

Portavasos

Una muchacha que había estado realizando tareas masculinas dio su primer paso al probar su necesidad por su esposo con lo siguiente: Colocó un dispensador de vasos de papel al revés sobre la pared. Cuando su esposo regresó a casa dijo, "¡No creo que esto esté colocado correctamente! ¿Por qué lo pusiste al revés?" Luego ella dijo, "¡Oops! ¿Me ayudarías a corregirlo, por favor? Él inmediatamente sacó el destornillador y lo montó de forma correcta.

Macetero

Otra mujer construyó un macetero de madera, pero no logró cortar las tablas derechas. Cuando su esposo lo vio, estaba entretenido. ¿Se avergonzó del trabajo sin habilidad? ¡No! Estaba encantado ya que lo hizo sentir masculino.

Resumen

Los hombres quieren a una esposa encantadora y femenina, ya que tal mujer les hace sentir una sensación placentera de virilidad. La mayoría de los hombres se incomodan ante la presencia de una mujer masculina—como si su ayuda masculina no sea necesaria o siquiera apreciada. He explicado que adquieres esta cualidad de dependencia con tu actitud y al probar que lo necesitas al minimizar estas tareas masculinas. Si quieres convertirte en una mujer realmente femenina—si quieres convertirte en Angela Human y ganarte su amor celestial, eventualmente tendrás que eliminar tantas tareas masculinas como sea posible, a menos que una emergencia no te lo permita.0

Recompensas

1. Hará que tu esposo se sienta masculino.

2. Despertará un sentido de caballerosidad—te ofrecerá su protección.

3. Adquirirás una porción del encanto de Angela Humana, lo cual te llevará un paso más cerca a ganarte su amor celestial.

Cuando un hombre protege a una mujer femenina, naturalmente la ama más. Esto aplica a cualquier individuo que protege o resguarda cualquier forma de vida que necesita protección. Este sentimiento magnificado por mil es lo que todos sienten al proteger y resguardar a otros, ya sea que el niño proteja a una mascota, o la madre que protege a sus hijos, o el esposo que protege a su mujer.

Ejercicios

1. Elimina las tareas y deberes masculinos cuando sea posible.

2. Si debes realizar un trabajo masculino, hazlo de manera femenina.

3. Di, "Ciertamente estoy feliz de tener a un hombre que haga las cosas que yo no puedo." Si necesita cargar un objeto pesado di, "¿Me podrías prestar tu fuerza muscular ya que yo no creo poder cargar esto?"

Dios no creó a la mujer para las responsabilidades masculinas agotadoras.

La cualidad de la dependencia femenina es la contraparte de la virilidad en un hombre. Entonces, estos dos sentimientos están atados uno a otro. Puedes ayudar a que un hombre se sienta necesitado y más varonil cuando lo apoyas en su papel y lo dejas protegerte.

Capítulo 16

Felicidad Radiante

La felicidad interna se puede practicar y aprender. Es una cualidad espiritual. ¿Entonces, qué es la felicidad radiante?

La felicidad radiante es una cualidad humana que puede ser aprendida y practicada. Es la jovialidad, la risa, el canto, la alegría, sonrisas, mirada brillante, apariencia placentera, la esperanza, el optimismo, y la habilidad de irradiar alegría hacia otros.

Deruchette, Amelia, y Dora

Deruchette "derrochaba alegría y alumbraba los días oscuros. Su presencia ilumina el hogar, se acerca con una calidez alegre, camina y estamos contentos, se queda un rato y somos felices." Amelia era "amable, pura y sonriente, con un corazón risueño." Dora tenía una "risita feliz y una vocecilla placentera."

La Sra. Woodrow Wilson también tenía esta cualidad, ya que su esposo sino de ella, "¡Era tan radiante, tan feliz!"

A los hombres no les gusta ver mujeres cínicas o sarcásticas, demasiado serias o melancólicas. Quieren a una mujer que sea vibrante, optimistas, y felices. Esta es una parte esencial del verdadero encanto que los hombres encuentran tan fascinante en las mujeres.

Muchas de nosotras somos felices en espíritu, pero nunca se nos ocurrió la importancia de contagiárselo a los demás. Dejamos nuestra felicidad "debajo de un arbusto" en lugar de "sobre un portavelas." Ya que la felicidad radiante puede ser adquirida, puede ser adquirida por hábito.

Cómo adquirir la felicidad radiante

1. Esfuérzate por la felicidad interna: Es difícil emanar felicidad si eres infeliz por dentro. Puede que sonrías, pero las otras características al irradiar no se verán naturales si estás básicamente deprimida. Obtienes la felicidad interna al entender tu verdadero valor como mujer y esforzarte por desarrollar más tu carácter. Por lo tanto, esta es la preparación necesaria—al menos hasta cierto punto—para adquirir la felicidad radiante.

2. La sonrisa. Ni Deruchette ni Amelia eran hermosas, pero ambas tenían una sonrisa que resaltaba su encanto. Deruchette tenía una "sonrisa que no se sabe cómo, pero tenía el poder de aligerar el peso de esa cadena enorme que todos las personas acarrean con ellas, una sonrisa peligrosa que era Deruchette misma." Amelia era "una diosa sonriente, con un

corazón risueño. Sus labios formaban las sonrisas más puras."

3. Los ojos. En conjunto con la sonrisa de Amelia, Thackeray dice que "sus ojos destellaban con el humor más brillante y honesto." Entonces, la sonrisa no era sólo en sus labios, sino en todo su semblante.

Otras formas de irradiar felicidad es a través de tus palabras alegres, tus expresiones, tus actitudes optimistas y apariencia, y tu cantar. La mujer que canta durante su trabajo diario esparce el mensaje de alegría que se encuentra en su corazón.

El verdadero encanto

La felicidad interna combinada con la felicidad radiante es una parte esencial del verdadero encanto que fascina tanto a los hombres. Como hemos aprendido, la felicidad interna resulta en un espíritu calmado, y una tranquilidad que se considera una belleza pacífica. Es como agua cristalina en un estanque. Pero la felicidad radiante es como los lirios que añaden una belleza asombrosa. Puedes ver la tranquilidad del agua debajo de las flores. El encanto reside en el efecto en general.

No hay función más importante en este mundo que el de ser encantador – de derrochar alegría, de alumbrar días oscuros, de ser el hilo dorado de nuestro destino, y el espíritu mismo de la gracias y la armonía. ¿No es esto rendir un servicio?

Capítulo 17

Salud pura y radiante

Una apariencia pura es esencial para la belleza femenil. La mujer que se vea marchita o monótona no será atractiva para los hombres. Debe haber un efecto en toda la apariencia de la mujer de frescura y pureza.

Amelia emanaba esta belleza saludable, ya que su "sonrisa era pura, su voz era pura, sus ojos destellaban y su rostro se sonrojaba saludablemente." Deruchette era "tan pura y alegre como una alondra."

Buena salud

La base de la belleza pura es la buena salud genuina. No sólo por la salud misma, sino por el espíritu saludable de pureza y alegría que sostiene la apariencia, acciones y actitud de la mujer. Qué tan seductores son los ojos centelleantes y bailarines, el cabello brilloso, la voz clara, el comportamiento optimista y el ánimo que atrae la buena salud al rostro y la vivacidad que le comunica al pensamiento. Por lo tanto, no podemos pensar que esta característica es muy importante.

Todos sabemos de la importancia de la buena salud, pero nuestros problemas yacen en pensar que la buena salud es no estar enfermo. Pero el convertirse en una mujer saludable es más que sólo bueno. Una apariencia pura y radiante es el resultado de una salud abundante.

La salud, al igual que la felicidad, se basa en leyes, y es el resultado de entender y aplicarlas. A continuación se mencionan los fundamentos:

Fundamentos de la buena salud

1. Corregir problemas internos
2. Dormir lo suficiente
3. Ejercitarse
4. Beber mucha agua
5. Aire fresco
6. Comer apropiadamente
7. Relajarse—en el trabajo o el descanso
8. Tener una actitud mental saludable

1. *Corregir problemas internos*: Es imposible adquirir salud si existen problemas internos. Las mujeres tienden a pasar años con problemas como dientes u órganos infectados, problemas en la sangre o en las

glándulas, y otras malformaciones del cuerpo que resulta en su mala salud. Muchas de estas enfermedades se pueden eliminar con la atención apropiada.

2. *Dormir lo suficiente*: Todos sabemos la importancia de dormir lo suficiente, pero las mujeres casadas tienden a ignorar esto al darle prioridad a otras cosas. Si te robas a ti misma del sueño al realizar muchas actividades, pregúntate si estas tareas son más importantes que ti. ¿Es el vestido más importante que la costurera? ¿Es la casa más importante que el ama de casa? Aunque un hombre aprecie un hogar limpio, no lo quiere a expensas de la salud o el encanto femenino de su esposa. Muchas de nuestras actividades son una pérdida de tiempo cuando las comparamos con nuestra buena salud genuina.

3. *Ejercitarse*: Puede que sientas que te ejercitas lo suficiente con tus varias tareas domésticas como cuando te agachas, te estiras o caminas. Pero estos movimientos no abordan todos los músculos. Como resultado, las mujeres casadas sufren de mala postura, músculos flácidos, depósitos de grasa, y pérdida de la salud. Si el ejercicio te parece como una tarea más dentro de tu día ocupado, recuerda que el ejercicio puede brindarle descanso a una persona cansada, y le ayuda a permanecer optimista. Moviendo distintos tipos de músculos refresca y estimula el cuerpo.

4. *Beber mucha agua*: El cuerpo está hecho de 50 a 70 por ciento de agua. Si no tomas suficiente agua, tu cuerpo comenzará a apagarse. Tan poco como el uno por ciento de deshidratación puede dañar tu estado emocional, atención, memoria, y habilidades motoras. Más deshidratación puede ocasionar que se espese la sangre y el corazón sea menos eficiente, lo cual da como resultado los desmayos y el colapso. Todo tu sistema sufrirá si no te refrescas continuamente.

   Si apartas ocho vasos de agua cada mañana y los consumes durante el día, puedes tener la certeza de estar consumiendo el agua necesaria.

5. *Aire fresco*:

   a. Suministro de aire: El suministro de aire apropiado incluye oxígeno y humedad. La mayoría de nosotros está consciente de la importancia del aire fresco durante el día y la noche, pero muchos no nos damos cuenta de lo esencial que es el contenido húmedo.

   b. Respira profundamente: Aunque tengas un buen suministro de aire, puede que tus pulmones no se sientan reabastecidos a menos que respires profundamente. La mala postura, el estrés, y la falta de ejercicio ocasionan una respiración superficial. Por lo tanto, es importante hacer el esfuerzo consciente de vigilar que tus pulmones reciban el aire suficiente. Lo que la buena comida es al estómago, el oxígeno es a la sangre. El cuerpo que tiene hambre de oxígeno no puede estar sano.

6. *Comer apropiadamente*: ¿Cuál sería una guía segura para comer apropiadamente? Nuestro apetito no es una guía segura ya que muchos alimentos no saludables saben bien. Hay muchos alimentos y productos en el mercado. ¿Cuáles son buenos y cuáles son dañinos? Muchos de los estudios sobre la comida son confusos y algunos son contradictorios.

La naturaleza nos revela los secretos del buen comer. No podemos mejorar una manzana que viene del árbol, o un plátano o una papa que provienen de la tierra. La regla más segura es comer alimentos cercanos a la naturaleza. Hay alimentos frescos disponibles para cada estación. El verano nos trae frutas, vegetales, y melones; el otoño trae manzanas, calabaza y papas que duran hasta la primavera. El inicio de la primavera nos trae naranjas; al terminar la primavera tenemos moras y vegetales más frescos. Conviene consumir todos estos cuando aún están frescos durante la estación donde crecen. La naturaleza también produce granos que permanecen frescos durante varias estaciones.

Los alimentos saludables se separan en cinco categorías

Frutas frescas

Vegetales frescos

Nueces

Granos

Carnes

Hay muchos alimentos altamente procesados y refinados en el mercado actual, muchos de los cuales contienen conservadores. Vienen en cajas, latas, y paquetes. Algunos de los elementos vitales han sido destruidos, y en su intento de compensar esta falta, el hombre agrega sus propias vitaminas y minerales que él creó. ¿Puede el hombre mejorar la naturaleza?

7. *Relajación*: El secreto para poder relajarse durante el trabajo o el descanso es esencial para la salud y el encanto, y es también una habilidad que es bastante fácil de adquirir. La mente controla al cuerpo, y este control resulta o en tensión o en relajación. Si aprendes a practicar el arte de la meditación, sentirás inmediatamente una descarga de tensión. Puedes aplicar esta misma técnica al dormir cuando te sientas tensa.

8. *Una actitud mental saludable*:

a. El efecto de actitudes no saludables: La preocupación, el miedo, la ansiedad, el pesimismo, el odio, los resentimientos, la impaciencia, la envidia, el enojo o cualquier otra imagen mental negativa ocasionan un efecto perjudicial sobre nosotros. Su influencia destructiva viaja por el sistema nervioso hacia todo el cuerpo. Incluso después de que el sentimiento temporal ha desaparecido—el daño físico permanece. Una actitud mental saludable es el resultado de un buen carácter, y combate los efectos de las emociones negativas, y te permite continuar el desarrollo de tu lado angelical.

b. El efecto de las actitudes saludables: Los pensamientos optimistas y amables atraen un efecto totalmente opuesto. La fe, el optimismo, el amor, la amabilidad, la alegría, la simpatía, y el entusiasmo armonizan con el funcionamiento del cuerpo,. y tienden a fortalecer el sistema, y ayuda a producir la buena salud genuina.

Si la salud no está en tus posibilidades

Hay gente, por causas de daño permanente, no pueden obtener este ideal de salud abundante. Sin embargo, si mantienen una actitud mental saludable, pueden aparentar mucha más salud de la que tienen. Elizabeth Barrett Browning era inválida, y sin embargo fue una de las mujeres más encantadoras en la historia. ¡Su esposo, Robert Browning, la adoraba! Su debilidad física no le añadía atractivo, pero tenía una abundancia de otras cualidades femeninas que superaron su físico. La salud radiante es solamente una característica de Angela Humana. Si mantienes sólo una actitud mental saludable, aún serás una mujer fascinante.

La limpieza y el aseo

La buena salud no es lo único esencial para obtener una apariencia pura. La limpieza y el aseo también son importantes. Los dientes, el cabello, las uñas, los pies, y la limpieza de todo el cuerpo son contribuciones vitales al efecto de pureza. Sería inconsistente si esperáramos que Angela Humana sea algo menos que inmaculada y bien arreglada.

Ropa

La apariencia pura en la ropa es especialmente atractiva para los hombres. Tales cosas como cuellos recién almidonados (real ó artificial), listones limpios y brillantes, zapatos limpios y pulidos, y prendas bien planchadas contribuyen a la apariencia pura, mientras todo lo demás se ve monótono. Las líneas limpias, los puntos, el guingán, los diseños florales y de caricaturas sugieren pureza.

Maquillaje

El maquillaje puede hacer que una mujer se vea más viva y saludable. De hecho, la atención a estos detalles sólo indica al hombre tu esfuerzo por complacerlo. El maquillaje de ojos y labios definitivamente ayudan a que el rostro se vea más brillante y puro—encantador para los hombres.

Capítulo 18

Ser infantil

Emociones

El ser infantil es una de las cualidades más encantadoras de toda la filosofía de *La mujer fascinante*. No hay otra cualidad que destacará más tu lado humano. Es extremadamente fascinante para los hombres.

Ser infantil es comportarse como niña al extremo. Es una cualidad de picardía, agallas, inocencia, confianza y cariño todas en una misma. Es un cambio de emociones, de alegría al enojo inocente. Son las cualidades encantadoras de una niña pequeña.

Existen pistas sutiles de esta cualidad adorable en nuestros estudios de Dora, Amelia y Deruchette. Dora era "cautivadora, infantil, y su mirada era brillante." Amelia tenía las emociones tiernas de una niñita, ya que sus ojos se llenaban fácilmente de lágrimas. Deruchette "parloteaba como niña" y "ella quien algún día se convertiría en madre permanecía niña." Tenía la alegría, vivacidad, y las travesuras juguetonas de una niña. Esto no quiere decir que él pensaba que ella era inmadura; sino que ella tenía cualidades encantadoras infantiles que a él le fascinaban. Muchas mujeres tienden a volverse cínicas o amargas y pierden estas características más inocentes.

Hay cuatro maneras en las que debemos ser más infantil:

1. En comunicar nuestras emociones a nuestros maridos.
2. En pedir cosas.
3. En nuestro comportamiento.
4. En nuestra apariencia.

Ser infantil emocionalmente

¿Cuáles son las emociones que comunicamos a nuestros maridos? Son enojo, dolor, decepción, simpatía, ternura, y alegría. Si quieres ser fascinante y resolver muchos de tus problemas maritales día a día, aprenderás el arte infantil de la comunicación.

Enojo infantil – Picardía

"Cuando frunce el ceño se ve más hermosa que todas las señoritas sonriendo."

¿Qué es el enojo infantil? Es el enojo, agallas o picardía encantadora y llamativa de una niñita.

No hay mejor escuela para aprender el enojo infantil que el observar las acciones de los niños inocentes, especialmente las niñas pequeñas. Son tan confiadas, tan sinceras, tan inocentes y sin embargo tan pícaras y tan honestas que tienden a enojarse. Son demasiado inocentes para sentir odio, celos, rencor, y otras emociones feas. Cuando se le molesta a esta niña, ella no responde con un sarcasmo horrendo. En lugar de eso, ella pisa fuerte, menea sus rizos y hace pucheros. Se enoja tan adorablemente con ella misma porque sus esfuerzos por responder son impotentes. Finalmente, se apaga y amenaza con nunca hablarte de nuevo, luego te mira por encima del hombro para ver si te lo creíste, sólo para pisotear impacientemente cuando se da cuenta de que no lo hiciste en absoluto.

Uno siente una necesidad irresistible de alzar a esta niña y abrazarla. Haríamos cualquier cosa para que esta niña no sufra peligro o miseria; proteger y cuidar a tal criaturita humana tan encantadora sería nada menos que un placer.

Más o menos este es el sentimiento que una mujer despierta en un hombre cuando ella se enoja adorablemente. El ser una niña en extremo le hace sentir en contraste más fuerte y más como un hombre. Es por esto que las mujeres que son volcanes, independientes y pícaras tienden a atraer hombres. Sin embargo, este enojo debe ser la picardía de una niña, y no el temperamento intratable de una mujer perfectamente capaz de "matar a sus propias serpientes," o una que mira con desdén a su esposo. El enojo infantil no molestará a un hombre, sino que lo fascinará.

Sin embargo, no piensen que debemos dejar de intentar superar el enojo. Al desarrollar nuestro lado angelical debemos esforzarnos constantemente por ser indulgentes, comprensivas, y sufridas para que podamos obtener un sentimiento amable hacia nuestros esposos. Pero en el proceso de convertirnos en ángeles, seguimos siendo seres humanos—propensas a irritarnos. Si se despierta el fastidio, está ahí, ¿y qué podemos hacer al respecto?

Enojo/Dolor

El enojo es un sentimiento bastante real. Es un disturbio interno que se siente como vapor que se acumula en una tetera. Si es intenso, se vuelve enfermizo, frustrante e incluso doloroso. ¿Qué podemos hacer por este sentimiento incómodo interno? Existen cinco alternativas:

1. *Reprimirlo.* Por supuesto, podemos cometer el error de reprimir nuestro enojo. Pero las emociones reprimidas pueden dañarnos seriamente como aprendimos en el capítulo, "El orgullo de un hombre." Aquellos que reprimen emociones tienden a adquirir un auto-adormecimiento que calma el dolor. Pero al calmar el dolor, también adormece sensaciones placenteras como las puestas de sol, la risa, y las emociones sexuales. Apagamos el fuego de la tetera, pero al hacerlo nos volvemos frías.

2. *Soltarlo.* Podemos volar la tapa de la tetera y soltar nuestro enojo al usar palabras cortantes, expresiones severas y demostrar emociones violentas. Esto sólo

acumula el fuego en la llama y contribuye a transformar nuestro amor en cenizas. No es nuestro ideal de la mujer fascinante.

3. *Auto-control.* Podemos mantener la tapa en la tetera contando hasta diez, y conteniendo las emociones por dentro. Pero esto sólo causa que el vapor acumule presión por dentro. Puede que estés tranquila por fuera, pero habrá un disturbio interno. Pero atrapar las emociones de esta forma puede causar que sientas rencor hacia tu esposo que puede durar por períodos extensos de tiempo.

4. *Platicarlo.* Podemos bajar el fuego un poco de la tetera y platicar sobre nuestro enojo. Pero esto invita al hombre a defenderse, y si es más astuto que nosotras, como lo es en ocasiones, logrará echarnos la culpa. Esto tiende a resultar en una discusión callada y civilizada.

Ninguno de los métodos anteriores para expresar el enojo resuelve las frustraciones de la mujer sin causar daño a si misma, a su esposo, o al matrimonio; y esto no fortalece el matrimonio, sino que lo debilita. La mejor forma de responder al enojo ocasionado por comportamientos desconsiderados es con:

5. *El enojo, agallas o picardía infantil.* Este método causa que la tapa de la tetera se agite gentilmente. Esta respuesta es encantadora, y la mejor para acercar más a un hombre con su mujer.

A veces el hombre puede ser injusto, desconsiderado, o critica sin razón. Debes aceptar a un hombre como es y aprender a entenderlo. Pero, ¿sólo el comprenderlo aliviará nuestros sentimientos heridos? ¿Debemos soportar tal maltrato sin expresarlo? ¡No!

Lo que un hombre quiere

El hombre no quiere a una mujer que pueda "pisotear" o maltratar. Él quiere a una mujer que se respete a si misma y tenga agallas, alguien con suficiente orgullo para defenderse. Él prefiere ver fuego o agallas en su mirada que resentimiento, tristeza, frustración u odio.

Aprendimos en el capítulo sobre carácter que la dignidad en una misma es una cualidad angelical. Pero la picardía es el método humano para conservar la dignidad en nosotras mismas. Cuando no logras responder la desconsideración de un hombre, es porque te falta la cualidad angelical de la dignidad en ti misma, y la niñez humana para expresarte.

Conocí a una muchacha sin dignidad por si misma. Su esposo la maltrataba constantemente hasta que ella se sentía como una alfombra donde él limpiaba sus pies. Le enseñé la importancia de este principio y lo aplicó perfectamente. Después, su esposo me agradeció por haber ayudado a su esposa. Me contó que durante todo su matrimonio hasta el día en que la ayudé, ella sólo había sido "como un perrito, listo para lamer sus manos."

Cómo adquirir la picardía infantil

1. *Pretensión*. La clave para el enojo infantil es esta: tu enojo, tu picardía o agallas deben ser imaginarias mayormente. Con imaginaria, me refiero a que tu demostración candente sea en la superficie; es superficial; sólo es un acto. Sabes que su desconsideración no es más que debilidad humana y que su meta no es herirte. Este conocimiento te permite dar a conocer tu punto con el efecto secundario encantador de no sólo entretenerlo, sino también fortalecer tu matrimonio. Y aunque por fuera haya una demostración llamativa de sentimientos, también habrá una tranquilidad interna, o al menos una tranquilidad imaginaria. Intenta ser sobreactuada.

2. *Pureza de carácter*. No debe haber amargura, rencores, sarcasmo u odio presente. Si tienes alguno de estos sentimientos, deberás tratar con ellos de otra forma, quizás con terapia. El ser infantil no es para las traiciones o daño emocional, sino para las molestias diarias que puedas experimentar como resultado de la desconsideración. No puedes aparentar ser infantil si hay emociones feas presentes.

3. *Adquiere una lista de adjetivos que vayan con los momentos pícaros*. Dora, en la historia de David Copperfield, tenía este encanto. Tenía algunos apodos como "niño enojado," o "compañero cruel," o "cosa de corazón frío," en las que se apoyaba. Asegúrate de que las palabras que uses sean complementarias a la masculinidad del hombre. Algunos adjetivos

apropiados son bruto, fuerte, grande, testarudo, determinado, intratable, obstinado, inflexible, riguroso, revoltoso, tenso, invencible, difícil, complicado y problemático.

4. *Exagera.* Puedes exagerar cómo te trata y tus amenazas. Por ejemplo, di "¡Eres el hombre más desconsiderado del mundo!" o "Bien, así que así tratas a tu pobre esposa que trabaja y esclaviza por ti todo el día." Tus amenazas también deberían ser exageradas como las de las niñas que dicen, "Jamás te volveré a hablar," o "Ya nunca haré nada por ti," o "Le diré a mi madre."

Podemos ver un buen ejemplo de utilizar los adjetivos apropiados y exageraciones en la siguiente escena de David Copperfield:

El enojo de Dora

David criticó a Dora porque no supo manejar bien a la ayuda que contrataron, y porque esta persona robó el reloj de oro de Dora, lo cual los metió en más problemas. Él culpó a Dora. La ayuda que contrataron fue un joven, un paje, como le llamaban.

"Comencé a temer," dijo David, "que la culpa no fuera sólo de un lado, pero que todas estas personas se comportan así porque nosotros no nos comportamos bien."

"Oh, qué acusación," exclamó Dora, abriendo sus ojos como platos, "decir que alguna vez me viste tomar relojes de oro. ¡Oh! ¡Oh! Tú, compañero cruel al comparar a tu querida esposa con un paje de transporte! ¿Por qué no me dijiste lo que pensabas de mí antes de casarnos? ¿Por qué no sólo dijiste, tú cosa de corazón frío, que estabas convencido de que yo era peor que un paje de transporte? ¡Qué opinión tan horrenda tienes de mí! ¡Oh, dios mío!"

Si lo notas, ella exagera y utiliza sus apodos.

Recompensas

El encanto del enojo infantil fascinará a un hombre y le despertará una ternura en él porque te comportas en extremo como una niña.

Otra recompensa es una que viene a ti personalmente. Notarás muchas veces que las ocasiones que antes te irritaban, ahora solamente te provocan. El vapor ya no se acumula en la tetera, porque sabe que tiene una manera de escape. Notarás, si continúas, que curarás el enojo.

Cuando tienes derecho a estar enojada o a ser pícara

Solamente cuando tú, personalmente, has sido maltratada que tienes justificación de responder, como en las siguientes situaciones:

1. Cuando te tratan injustamente
2. Cuando te ignoran demasiado
3. Cuando te insultan demasiado
4. Cuando te critican severa e injustamente

5. Cuando te imponen excesivamente
6. Cuando te descuidan demasiado

Sin embargo, sólo tienes derecho a ser pícara cuando *tú* has sido maltratada.

El propósito de la picardía

El propósito de la picardía es:

1. Ventilar emociones no placenteras
2. Comunicar tus pensamientos cuando te han ofendido
3. Ser fascinante

No debes usar esto como método para manipular a tu esposo. Debes aceptarlo tal como es. Sólo es un método para preservar tu dignidad humana, y se logra perfectamente. Ya no te sentirás pisoteada cuando respondas de este modo.

Cuando adquieres picardía observarás, extrañamente, que esperes momentos en los que te ofenda sólo para que puedas practicar este arte fascinante. Pronto aprenderás a sentirte como lo hacen las niñitas, con todas las señales externas de enojo, aunque sin el disturbio interno. Puede que incluso él te moleste sólo porque le encanta verte enojada.

La cura para el mal humor de un hombre

Incluso el mejor de los hombres se siente malhumorado a veces. Pero si entiendes lo que sufre y por qué, puedes tenerle más simpatía. Él no se enoja por cualquier razón. Puede que hayas herido su orgullo, o quizás se desquite contigo accidentalmente por problemas en el trabajo. Cualquiera que sea la razón, es un sentimiento muy frustrante.

Sus sentimientos también son como vapor en la tetera. Él también tiene varias decisiones que hacer. Puede reprimir su disturbio o controlarlo, pero este método le hará sentirse enfermo por dentro y causará que sienta rencor hacia ti. También sabe que si es severo contigo, te sentirás destrozada o frustrada. Cuando usa este método, lo hace sentir como un canalla.

¿Qué debe hacer con sus emociones acumuladas? El saber que no hay un método aceptable de alivio ocasiona que se acumule el vapor en la tetera y aumente la presión. Pero si respondes a su mal humor con picardía, no temerá acudir a ti para liberarse. Este pensamiento—este consuelo que su alivio de tensión no ofenderá a ninguno de ustedes causará que su irritación desaparezca rápidamente. Dos mujeres me contaron que cuando se volvían pícaras, el mal humor de sus maridos desaparecía casi por completo. Por lo tanto, deberías compensar su maltrato con esta respuesta encantadora. Se lo debes a él tanto como te lo debes a ti misma.

Comunicación

Hay mujeres que dicen que no pueden adquirir esta expresión infantil. Lo han intentado, y se han estancado con el "pánico escénico". Si te parece casi imposible, entonces lo segundo mejor será "platicarlo." Pero encuentra alguna forma de aliviarte de la emoción negativa. Es destructiva para el matrimonio. Continúa trabajando en entender a los hombres, en especial el capitulo sobre la amabilidad comprensiva. Muchas veces las mujeres se sientes ofendidas o descuidadas por su inhabilidad de entender lo que un hombre debe soportar en el mundo.

Hagas lo que hagas, encuentra algún método aceptable de comunicar tus sentimientos ofendidos a él: siempre debe existir un sentimiento amable en el matrimonio ideal.

La mujer que explota

Las mujeres con temperamentos explosivos tienden a adquirirlos de la misma forma que los hombres, como describimos anteriormente. Es una frustración que proviene de la inhabilidad de encontrar un método de expresión aceptable. Cuando tal mujer adopta la picardía, y aprende a volverse encantadora al hacerlo, sus frustraciones desaparecerán como la mujer que ha estado reprimiéndolos. Sin embargo, si aún no logra controlar este hábito que ha desarrollado, debe trabajar en mejorar su lado angelical.

Críticas y culpa

Si un hombre te critica, y eres culpable, lo mejor es admitirlo. Agradécele por recordarte que cometiste un error. Pero si su crítica es demasiado severa o injusta, debes proteger tu dignidad humana al defenderte.

Hay una cualidad en el espíritu que algunas mujeres poseen y es encantador. ¡Es la invulnerabilidad!" Estas mujeres tienen tanto respeto por ellas mismas que las críticas no dañan sus sentimientos. Por ejemplo:

Me encontraba acompañada por una señora y su marido cuando él la crítico con bastante severidad. Le dijo que nunca cocinaba, cosía, o limpiaba la casa, y que tenía que contratar a un ama de llaves que hiciera todo esto por ella. Luego le dijo que nunca le enseñó nada a sus hijos. Pero ella se sentó ahí todo el tiempo riéndose. Después, ella le dijo sinceramente que tenía toda la razón, y que muy pronto daría la vuelta a la página y mejoraría.

Sentimientos demasiado heridos

Hemos hablado del mal humor. Pero a veces lo que ella sufre es un sentimiento de dolor destructivo o cortante. Puede que un insulto le corte como una navaja, y cuando ejerce su golpe, ahí está. ¿Qué puede hacer? Puede, si quiere, responder con picardía. Pero a veces la herida es demasiado profunda para este método. Como mencionamos antes, ser infantil no es apropiado para todos los sentimientos heridos. Cuando el dolor profundo ocurre, necesitarás otro método. *Si estás envuelta en traición o algún tipo de abuso, quizás necesites terapia o una plática seria con él, siempre y cuando sea femenina, por supuesto.* Cualquier explosión de temperamento de tu parte no funcionará y podría empeorar las cosas. Si es muy serio, puede que necesites protegerte físicamente al alejarte de él.

Recompensas

Las recompensas vendrán a ti en abundancia si aprendes a descargar tus emociones de infelicidad a través del comportamiento infantil. Desahogarte saludablemente te hará una persona más feliz. Recuerda que la dignidad humana es una cualidad del carácter, y el ser infantil es tu método de expresar esta cualidad espiritual. Por lo tanto, contribuye a tu felicidad interna, o a tu serenidad. Y habrá una recompensa adicional en la ternura que tu marido tendrá por ti. Le has hecho un gran favor al expresarte. Has aliviado la tensión dentro de él. Por lo tanto, lo has hecho más feliz, y sentirá más afecto hacia ti. La siguiente historia me la contó una amiga, y nos servirá de ejemplo:

Picardía

Una noche, mientras visitaba a mi hermana, dos de mis amigas vinieron a verme. Era muy tarde. Mi esposo ya se había retirado, y cuando vi que sería una larga conversación, me retiré para ver si mi esposo tendría problemas con quedarme despierta hasta tarde.

Cuando entré a la habitación, él estaba irritado dijo, "¿Bien? ¿Qué sucede allá abajo?" Sentí que su actitud era desagradable, así que mantuve mi cabeza en alto, enderecé mis hombros, miré al lado y dije, "Bueno, vine aquí por amabilidad para saber si tendrías problemas conmigo quedándome despierta hasta tarde. Pero ya que te comportarás tan fría y desagradablemente, iré abajo y no volveré hasta las 2:00 de la madrugada." Luego me di la vuelta, y mientras me acercaba a la puerta miré por encima de mi hombro y pude ver que estaba recargado sobre su almohada, medio sonriente. Giré la cabeza rápidamente y bajé las escaleras, y me quedé abajo hasta las 2:00 de la madrugada.

Cuando regresé a la habitación sentí amabilidad por mi marido, ya que había desahogado mis sentimientos y supe que habían sido bien recibidos. Si no lo hubiera hecho, me hubiera sentido maltratada. Lo impresionante es que al día siguiente volvimos a nuestro hogar, y mientras el condujo el auto me tomó de la mano todo el camino a casa por 400 kilómetros, y se comportó con bastante amabilidad y ternura.

Muchas a quienes les he enseñado esta filosofía saben el valor de la expresión infantil. No es sólo una forma de desahogar tus sentimientos, sino que entretiene a los hombres y prepara el ambiente para que crezca el amor. Así se expresan las niñas chiquita. Esto es por lo que no guardan rencores. Las siguientes experiencias podrían ayudar en el aprendizaje del arte de la comunicación infantil.

El crítico severo

Unos amigos invitaron a una pareja joven a cenar. Ya que él llegó directo del trabajo, ella fue sola y se encontraba ahí cuando él llegó. El momento en que la vio le dijo, "¿Por qué no te arreglaste el cabello? Se ve terrible." Luego, mientras ella caminaba por el cuarto, él comentó, "Pensé que ibas a ajustarte la cintura del vestido. Desearía que cuidaras más de tu apariencia." La pobre muchacha estaba herida. Conozco a este hombre, y puedo decirles que no hay nada malo con él. Sólo estaba siendo desconsiderado.

¿Qué pudo haber hecho ella? Era difícil en la presencia de los amigos, pero pudo haber respondido de algunas de estas dos maneras:

Picardía: Pudo haber abierto sus ojos como platos, alzar la barbilla, irse de la habitación, y azotar la puerta detrás de ella esperando que él la siguiera. *Pero no debe haber amargura.*

Si estuvieran solos ella pudo haber dicho mientras le daba la espalda, "No tengo ganas de hablar contigo."

Dolor: O pudo haber hecho como que estaba herida, con la mirada abajo, la barbilla temblando y quizás una lágrima o dos, sacado un pañuelo y secado sus ojos un par de veces antes de dejar la habitación esperando que él la siguiera. Cuando el hubiese intentado consolarla, ella podría darse la vuelta mientras seguía secándose la cara.

Nota: Puede que algunas mujeres se sientan demasiado heridas para actuar de forma infantil en este escenario. Sin embargo, la mujer de la que hablo conocía el carácter de su esposo y no tenía intención de herirla. No estaba tan herida por el comportamiento de su esposo que no hubiera podido actuar alguna de estas soluciones exitosamente.

Zapatos sucios

Una esposa fregó y enceró los pisos de su cocina. Cuando terminó, su marido caminó por la habitación con los zapatos sucios. ¿Qué pudo haber dicho? Pudo haber sacado algún tipo de vocecita infantil como si se le hubiera roto una muñeca para decir, "Oh, no, ve lo que has hecho, ¡ve lo que has hecho!" ¡Es importante la buena actuación!

El perfeccionista

Muchos hombres critican el mantenimiento del hogar de sus esposas, las comidas y la limpieza.

¿Qué puedes decir o hacer?

1. *Si eres culpable, lo mejor es admitirlo.* Puedes decir, "Tienes razón. De hecho, me estaba preguntando cómo es que lo soportas. Sé paciente conmigo, por favor, e intentaré mejorar." Esto le hará sentir simpatía y paciencia. Y luego intenta mejorar.

2. Si no eres culpable, pero estás casada con un perfeccionista o un hombre incomprensivo, entonces di, "Trabajo y me esclavizo todo el día sólo para hacerte feliz, pero nunca logro complacerte. ¿Qué haré ahora? Tú sabías qué muchacha tan terrible era cuando nos casamos. ¡No te engañé!"

Las llaves del auto

Una mujer accidentalmente dejó sus llaves dentro de la casa mientras se prepara para salir. Su marido dijo, "¿Por qué siempre cometes errores tan estúpidos?"

¿Qué pudo haber dicho?

1. Pudo haber temblado con su severidad, como Amelia hacía, porque Thackeray menciona que ella "tiembla cuando alguien la trata con severidad." Mantén la mirada e el piso y deja tus labios tiemblen.

2. O pudo haber dado un pisotón contra el suelo y dicho, "¡Eres un viejo gruñón! ¡Pero qué perfeccionista eres al pensar que nunca debería cometer errores!"

Ignorada

Una mujer comenzó a decirle a su marido de algo que la emocionaba, sólo para descubrirlo viendo hacia la ventana con indiferencia.

¿Qué debería hacer? Podría pararse directamente en frente de él para bloquear su vista. Quizás podría darle unas palmaditas en la mejilla, o jalar de sus orejas para obtener su atención. Podría decir, "Cariño, no me estás escuchando." O podría sentarse en sus piernas.

Historia de éxito – Estación de servicio

Una mujer chocó su auto contra un poste mientras se iba de una estación de servicio. Esto provocó a quien atendía, pero su esposo se enojó más y la criticó frente al trabajador.

¿Qué hizo ella? En cuanto estuvieron a solas, ella agitó sus manos mientras decía, "¡Me haces enojar! Se supone que tienes que cuidar y defenderme, ¡pero estabas en contra mía! ¡Nunca te hablaré de nuevo!" Su esposo estaba tan entretenido que dijo, "Supongo que valió la pena que hayas chocado para verte actuando de este modo."

Travesuras – Historia de éxito

Mientras entretenían amigos, el hombre de la casa sacó unas fotos viejas de su esposa para enseñárselas a sus invitados. A ella no le agradaban estas fotos; decía que no se veía atractiva y resintió que se las hayan mostrado. Intentó rescatarlas, pero como él era más grande y fuerte, fracasó. Luego él la llevó de brazos hasta la recámara y la encerró. Su propósito era jugarle una travesura.

¿Qué hizo ella? Golpeó la puerta e hizo amenazas exageradas. Amenazó con nunca hablarle de nuevo, que ya no le haría el desayuno por las mañanas, y luego dijo, "¡Te acusaré con tu madre!" "Iré al centro y me gastaré todo tu dinero!" El esposo estaba, por supuesto, entretenido.

Los hijos de esta familia se encontraban cerca y se reían de ver a sus padres pelear de esta forma. Les contaron a muchos de sus amigos sobre la forma encantadora en que sus padres discuten.

Recuerda: El único propósito de la picardía infantil es:

1. Desahogarte de emociones irritantes de manera infantil

2. Ser encantadora

3. Comunicar tus pensamientos problemáticos de infelicidad

No debes usarlo como método para reformar a un hombre, o para insistir en cómo tratarte apropiadamente. Tu propósito es utilizar la influencia femenina para inspirarlo a ser más considerado. Tú diriges el respeto y tratamiento apropiado a través del poder de la mujer fascinante.

¡Cuidado!

1. Tu picardía debe ser mayormente actuada.
2. No debe haber odio, amargura o rencores
3. Exagera
4. Usa adjetivos que complementen su masculinidad.

Asegúrate de que tu enojo no tome la forma de una mujer abatiendo su rodillo, sino la de la inocencia de una niña.

Maltrato severo

Los maltratos que he utilizado de ejemplo en estas ilustraciones son resultado de la desconsideración o impaciencia de un hombre. Hay formas mucho más severas en que los hombres maltratan a las mujeres.

Algunos las golpean. Algunos rigen como tirantes, son abusivos e infieles.

Cuando el maltrato del hombre es severo, la picardía infantil no es la respuesta. Toda la filosofía de la mujer fascinante debe ser aplicada para derretir un corazón que es normalmente tierno. No hay excusa para el comportamiento bruto de un hombre.

Todo este capítulo está dedicado al estudio de las emociones infantiles, y hasta ahora he explicado cómo comunicar emociones de infelicidad como el dolor o el enojo. Pero hay otras emociones que deben demostrarse de forma infantil.

Ternura

La ternura y la simpatía se destacan en las niñas pequeñas. Esta emoción viaja dentro de la mujer adulta y se convierte en una característica femenina.

Recordarás que los ojos de Amelia "centelleaban, excepto cuando se llenaban de lágrimas, lo cual sucedía constantemente, por tonterías como un pájaro muerto, o el ratón que había sido presa de un gato, o por el final de una novela sin importar qué tan estúpido era."

Esta ternura nunca debería ser reprimida en la mujer adulta, porque es encantadora. ¿Te has sentido alguna vez al borde de las lágrimas durante una película, y luego conscientemente intentaste reprimir el sentimiento porque te avergonzaba? Las mujeres a veces pierden esta cualidad encantadora porque la reprimen deliberadamente.

Cambio de emociones

He visto a niñas correr hacia la casa con lágrimas desbordándose por sus caritas, y luego rompían en una sonrisa con un beso de su madre o una recompensa reconfortante aunque las lágrimas aún no estuvieran secas. No se quedan tristes por mucho tiempo. Nunca guardan resentimientos ni se quedan melancólicas por mucho tiempo.

Si observas a los niños, especialmente las niñas, cuando escuchan una historia emocionante, verás un cambio de emociones repentino. Nota lo absortos que están en los detalles e incluso se emocionan de lo que pasará después. Puede que simpaticen de corazón con los personajes en cuestión, se horrorizan y se deleitan por turnos y actúan como si no pudieran esperar a ver si todo sale bien al final. Este mismo cambio en una mujer es interesante para un hombre, y hace que nunca se vea monótona.

Alegría infantil

Otra emoción que le encanta a los hombres es la alegría infantil. No es muy difícil hacer feliz a los niños, y cuando lo son, lo demuestran con explosiones de placer. Tengo una hija que salta de arriba a abajo mientras aplaude a la menor señal de una sorpresa placentera.

Y, ¿qué a un hombre no le gusta una versión adulta de esta respuesta en su esposa cuando le trae un regalo, o le cuenta de algún evento placentero que sucederá, o hace algo amable por ella? ¿Quiere él una respuesta pasiva que diga, "Eso es muy amable de ti. Lo aprecio mucho"? ¡No! ¡Él prefiere que mirada brille, que su boca se abra un poco y que se vea contenta!

Hace muchos años conocí a una mujer que su esposo la había dejado por alguien más. Muchas cosas salieron a la luz sobre cómo el desaprobaba de ella, una de sus quejas siendo su inhabilidad de apreciar cualquier cosa que él hiciera por ella. En una ocasión, él le trajo un set hermoso para cenar, el cual ella aceptó como si se lo debiera. Cuando una de sus amigas le preguntó porque no lo apreciaba más, ella respondió, "Pues, ¿no se supone que un hombre haga estas cosas por su mujer?"

La respuesta entusiasmada de una mujer es a veces la única recompensa de un hombre. Las mujeres que saben cómo responder con placer tienen esposos que las miman y las consienten. Hacen cosas por ellas frecuentemente y las llenan de regalos con el único propósito de ver sus respuestas placenteras, y regularmente les compran cosas que ni necesitan. Pero hacer cosas por la mujer que ama le da al hombre un placer inmenso.

Cómo recibir un regalo

Saber cómo recibir el regalo de un hombre es un arte esencial de la feminidad.

La forma correcta: La forma correcta de recibir un regalo es o con una exuberancia infantil o con aprecio verdadero, dependiendo de las circunstancias. La calidad del regalo no es importante. Es el acto mismo, o la consideración de dar lo que una mujer debe reconocer y apreciar.

La forma incorrecta: Un problema muy serio aparece cuando el hombre le da un regalo a la mujer que no le gusta. Debido a esto, ella puede cometer el error de devolverlo, cambiarlo, no usarlo, o incluso criticarlo. Esto puede superarse al apreciar el acto de regalar en lugar del objeto material. El regalo no tiene importancia. ¡El hombre sí! El objeto regalado algún día será polvo, pero tu respuesta vivirá en su memoria. Por lo tanto, sólo su consideración es lo que deberá ser apreciado.

¿Qué pasa si nunca te regala algo?

Es importante entender que una característica masculina común es la negligencia en dar regalos. Algunos hombres no tienen ni idea de qué comprar. Si les das una pista, de seguro la olvidarán. Los hombres usualmente no entienden las pistas. Y esperan que de alguna manera tú entenderás su problema y lo ignorarás, y no lo interpretarás como una falta de amor.

Lo mejor es intentar entender la actitud de propio marido cuando se trata de dar regalos, y si es difícil para él, recuerda el hecho e ignóralo. Lo más seguro es se relaje y sea más propenso a comprarte algo impulsivamente. ¿Quién sabe? Quizás cambie con el tiempo.

Hemos llegado al fin de la sección sobre ser infantil en relación con comunicar tus emociones a un hombre. Sin embargo, hay otras tres cualidades sobre ser infantil que son importantes si nos vamos a convertir en Angela Humana. Estas tres serán discutidas en el siguiente capítulo.

Recompensas

Aunque el ser infantil sea difícil de aplicar para algunas mujeres, es una parte importante de la mujer fascinante, ya que nos ayuda con las debilidades humanas—tanto las nuestras como las de nuestros esposos. Algunas molestias pequeñas, que son como toperas, pueden crecer hasta convertirse en montañas. Ser infantil "acabará con las toperas" y convertirá lo que pudo haber sido dolor en placer, como veremos en los siguientes ejemplos:

Ser infantil

"Cuando intenté una respuesta pícara a la desconsideración de mi marido, él dijo, 'Eso fue muy lindo; hagámoslo de nuevo.'"

Ser infantil

"Tenía mis dudas sobre actuar como una niña porque no creí que pudiera hacerlo. Luego, un día me sentí ofendida, y moví mi labio inferior hacia delante (sólo un poco) y mi esposo dijo, 'Te ves tan linda cuando haces eso,' y ambos olvidamos lo que nos molestaba."

Ser infantil

Mi marido llegó a casa a la hora de la cena, y aunque ya tenía una cena bella lista, no terminé de hacer el gravy a propósito ya que lo quería servir caliente. Él dijo desconsideradamente, 'Has estado en casa todo el día. Lo menos que puedes hacer es tener la cena lista.' Me molesté demasiado, pero retuve mis sentimientos y dije con picardía, "¡Gran bruto malvado! Jamás te volveré a cocinar otra cena mientras sigas vivo.' Luego él dijo, 'Bueno, supongo que ese es tu privilegio.' Le lancé otra mirada pícara por encima del hombro y seguí con el gravy, pero antes de que pudiera terminar, él llegó por atrás y me abrazó.

En el pasado, me hubiera molestado sin decir nada, y él hubiera salido de la casa y estado fuera toda la noche. Mi respuesta infantil convirtió lo que pudo haber sido una experiencia miserable en una noche placentera.

Las cualidades de ser infantil

1. Comunicar emociones

2. Pedir cosas

3. Comportamiento

4. Apariencia

Capítulo 19

Ser infantil
Cómo pedir cosas
Comportamiento y apariencia

NOTA: Cuando este libro fue escrito por primera vez, muchas mujeres no trabajaban fuera del hogar y eran relativamente dependiente, algunas dependían totalmente de sus esposos como soporte financiero. Este capítulo reflexiona particularmente sobre esta etapa en nuestra historia y cómo las cosas han cambiado bastante hasta ahora. La verdad es que dentro del matrimonio hay muchas veces donde tenemos que llevarnos bien, y estar de acuerdo en ciertas compras, especialmente las costosas. Aún hay principios que aplican en este capítulo. – DAF

Es importante que entiendas la manera apropiada de pedir cosas. No me refiero a caprichos egoístas, sino a los deseos que residen en el corazón de toda mujer que son importantes para ella, y que en ocasiones dependerá de su esposo para obtenerlos. *Me refiero a las cosas que ella quiere tener, hacer, que hagan por ella, o lugares a los que quiere ir.*

La mujer que se sacrifica

Durante una emergencia, el hombre aprecia a su mujer si ella tiene el carácter fuerte para poner de lado sus deseos personales por un propósito urgente o noble. Pero cuando no hay razón urgente, el hombre no quiere a una mujer que se sacrifique. Ella es su reina, y es importante que se trate a si misma como una. No quiere que coloque a sus hijos y las comodidades y caprichos de ellos antes que los de ella, o incluso que los de él. Pero algunas mujeres reprimen sus deseos por años, pensando que al hacerlo están siendo angelicales, y no se dan cuenta que le están robando a sus maridos una experiencia que haría crecer su amor.

¿No amamos aquellos a quien servimos? Esto es notable en todas las formas de vida. Las mujeres que descuidan a sus hijos se les dificulta el amor. Tomando esto en cuenta, puedes ver que le debes a él y a tu matrimonio el vigilar que obtengas lo que deseas.

Pero *debes saber cómo preguntar.* El hombre no lee mentes.

La mujer que pide y se le rechaza

Existen mujeres que piden cosas de una forma manipuladora o muy poco femenina, y por esto sus maridos las rechazan. Aunque la petición esté perfectamente justificada y no sea egoísta, él no accederá. Y por esto ella tiende a guardar rencores hacia él.

Métodos incorrectos

1. *Dar pistas*: Puede su forma de pedir sea arrojado pistas o sugerencias vagas, pensando que al hacerlo, su esposo, quien se supone la adora y la quiere, de seguro estará ansioso de complacer a su mujer y sorprenderla. Si él ignora la petición, como sucede comúnmente, ella interpreta esta indiferencia como falta de amor. Esto ocasiona que ella se sienta descuidada y rencorosa. Puede que se diga a si misma, "Si realmente me ama, ¿por qué no se da cuenta de mis deseos más profundos?"

2. *Convencer*: O quizás antes de preguntar, ella piense en todas las razones que justifican su deseo. Ya que esté convencida de que esté justificado, acude a su esposo e intenta convencerlo. A veces él accede, aunque no de buena gana, sino con la actitud de estar moralmente atrapado sin otra alternativa. Otras veces, en lugar de conceder su petición, él piensa en todos los argumentos para contradecir la justificación. Y si la mujer se vuelve inconsistente, él ataca con la misma fuerza.

3. *Exigir*: Cuando los métodos anteriores fallan, algunas mujeres se frustran, rebasan los límites y exigen lo que quieren.

Por qué estos métodos fallan

1. *Exigir*: Este método no funciona para las mujeres y naturalmente ofenden al hombre. Puede que él acceda, pero no será de buena gana.

2. *Dar pistas*: Esto falla porque los hombres tienden a estar demasiado preocupados con sus propios problemas para siquiera notar nuestras pistas. Los hombres piensan de forma diferente que nosotras.

La forma correcta de pedir

Copiamos la forma correcta de pedir de los niños pequeños—es tan simple que no lo creerás. Los niños pequeños sólo *piden*. No justifican, no explican ni discuten un punto porque son demasiado pequeños y confiados. Simplemente piden lo que quieren. Así de simple.

Una niña pequeña irá hacia su padre, confiada, dependiente, sabiendo que él tiene el poder de decir sí o no. La pregunta "¿Puedo, por favor?" o "¿Lo harás, por favor?" demuestra su actitud femenina, y al mismo tiempo hará que un hombre se sienta más masculino.

De hecho, probablemente se sentirá como un "canalla" si se niega.

La forma incorrecta de pedir

Intenta evitar las expresiones, "Hagámoslo," o "Pienso que sería lindo si hiciéramos esto," o "¿No sería lindo si construyéramos un librero en esta esquina de la sala?" o "¿No crees que deberíamos expandir el patio?" Si realmente buscas su opinión, entonces este es el método apropiado. Pero si lo que quieres es que se cumpla tu deseo, este sería un método muy malo porque invita a una perspectiva opuesta.

No tienes derecho a pedir cosas

1. Cuando no puede pagarlo.

2. Cuando es egoísta.

Cuando tienes éxito

Si eres Angela Humana, de seguro concederá tu petición si es que se encuentra dentro de sus posibilidades. Un hombre hará lo que sea por la mujer que se convierte en su esposa adorada. Este es el poder de la mujer fascinante. Muchos hombres han hecho todo lo posible para complacer los encantos de la feminidad, y han amado a sus esposas más por eso. Se lo debes a tu marido el asegurarse que te conceda tus deseos porque te amará más si lo haces.

Adicionalmente, tu esposo estará encantado por tu petición. Le hace sentir viril el ser colocado en la posición de conceder. Actuar como niña pequeña lo fascinará y despertará la ternura. El siguiente ejemplo lo ilustrará:

Historia de éxito

Tras haber aprendido esta filosofía, una mujer contó esta historia:

"Mi marido siempre ha sido el tipo de hombre que siempre dice que no a todo lo que pido. Recordé una vieja promesa que él hizo voluntariamente y que nunca mantuvo. Nunca me sentí bien al respecto, y era algo que yo quería con todo el alma.

"Me acerqué a él con confianza y como una niña. Le recordé de la vieja promesa, pero le aseguré que reconocía su derecho de decir sí o no. Luego le dije, 'Todo lo que tengo en la vida depende enteramente de ti. Y no puedo obtener este deseo sin tu consentimiento. ¿Considerarías concederlo ahora?'

"Se le formó una expresión placentera en su rostro, dejó su pluma en el escritorio ya que había estado escribiendo, e hizo un gesto con las manos para que fuera y me sentara sobre sus piernas. Me besó cariñosamente y dijo, '¿Sabes cómo me haces sentir? Como si fuera un gran juez y mientras tú eres una jovencita defendiendo su caso.' Luego, dijo con afecto, 'Puedes tener todo lo que quieras en la vida.'"

Cuando una mujer tiene acceso a un método tan efectivo para obtener lo que desee a través de la feminidad infantil, es bastante tonto intentar otras formas.

Otra forma de pedir—Expectativas

Existe otro método para pedir cosas, y aunque no es totalmente infantil, aún es infantil y útil. Es una actitud de expectativa, pero debe ser hecha de la forma correcta. Un ejemplo de esto es la madrastra de Abraham Lincoln, Sarah.

La madre biológica de Abraham Lincoln, Nancy Hanks, vivió con su familia por años en una pequeña cabaña de madera con piso de grava. Era una jovencita sumisa, y su esposo, Tom Lincoln, era flojo y negligente. Nunca logró construirle un piso de madera.

Tras su muerte, Tom Lincoln se casó con Sarah. Era una buena persona, pero muy diferente de Nancy. Cuando Tom la trajo a la cabaña, ella llevó varias carretas de muebles y decoraciones finas. Le echó un vistazo al piso de grava y dijo, 'Dios mío, Tom, no podría considerar poner todos mis muebles bellos en este piso de grava. Los dejaré en las carretas, y tú puedes construirme un piso de madera en la mañana." Y Tom Lincoln sí le construyó el piso de madera al día siguiente. Es desalentador el pensar que la pobre Nancy vivió todos esos años con un piso de grava sólo porque no supo cómo utilizar la psicología femenina.

Observa que Sarah fue placentera pero definitiva y colocó un tiempo límite para la tarea. Ya que los muebles se encontraban afuera, hubo un énfasis en su petición. Estaba totalmente justificada.

El método infantil mantiene al hombre en una posición de guía. También le otorga la alegría de dar, y por lo tanto concuerda con nuestro ideal de la mujer fascinante.

Lo que no puedes pedir

Nuestro ideal de mujer fascinante no pide amor, afecto, aprecio o atención. Estas cosas se le dan sin costo, o sólo son de poco valor. El objetivo es despertar en él un deseo para que te *ofrezca* estas cosas, y para lograrlo debes convertirte en Angela Humana.

Comportamiento infantil

El comportamiento infantil son los movimientos o acciones de una mujer que se notan en su voz, expresiones faciales, o cualquier otro movimiento del cuerpo.

Dora tenía un comportamiento infantil encantador. Su vocecilla placentera y sus modos tiernos no eran sólo femeninos, sino infantiles. En ocasiones ella agitaba sus rizos, y apuntaba con su dedo a su perrito como las niñas hacen. Su actitud era infantil, su comportamiento era infantil, y sus acciones eran aquellas de una niña. David describe su comportamiento infantil de la siguiente forma: "Una y otra vez ella hizo té para nosotros; lo cual era hermoso contemplar, como si se estuviera ocupando con sus cosas de muñeca, y al final ni me importaba la calidad de la bebida."

Este comportamiento infantil lo copiamos, de nuevo, al observar a las niñas. Si observas a una niña jugando a la casita, notarás muchas cosas interesantes. Ella no se apresura con sus tareas sólo para terminarlas, como hacen las mujeres mayores. Ella juega por la alegría que le da. Ella barre, cocina, o cuida a su bebé porque quiere. No puedes copiar un comportamiento infantil si no disfrutas enteramente lo que estás haciendo.

Muchas veces cuando una mujer termina alguna tarea doméstica, o finalmente tiene su comida en la mesa, exhalará un suspiro de alivio. Esto es lo opuesto a la forma en que Dora servía el té, o en que una niña disfruta de jugar a la casita.

El placer con el que una mujer cuelga cortinas nuevas, o le hace a su hija un vestido nuevo, o cocina su receta favorita, o limpia los gabinetes, o incluso pule sus pisos demuestra la naturaleza doméstica innata que se encuentra en la niña pequeña, y que tantas veces se pierde en la mujer adulta.

Confianza de niña

Respetas a un hombre como líder. Confías en su habilidad de cuidar de ti, tu actitud en general y la confianza que le tienes demuestra tu confianza de niña. Esta actitud la demuestras en tu comportamiento, en tu tono de voz, y en las palabras que utilizas con él. Y es esta cualidad infantil que lo hace sentir, en contraste, más grande, más capaz, y más viril.

Demostración de emociones

Aunque ya hemos discutido las emociones de forma exhaustiva, es importante estar conscientes que demostramos estas emociones infantil a través del comportamiento, voz, expresiones, etc.

Alegría traviesa

En la descripción de admiración de Deruchette, Victor Hugo menciona que ella tenía "la alegría traviesa de una niña." Cuando pensamos en travieso, recordamos una característica que es bastante odiosa en los niños, ya que puede ser molesto para los adultos.

Aún así, la alegría traviesa en una mujer puede ser un encanto fascinante para su hombre.

¿Por qué son traviesos los niños? Lo hacen para alejarse de la seriedad. Los niños son traviesos en espíritu. Para ellos el mundo debería ser divertido. Odian la seriedad.

Las travesuras, que podrían molestar a los adultos, son mejores que la seriedad muerta y aburrida en ocasiones.

La motivación detrás de la travesura de una mujer podría ser lo mismo. Una mujer es traviesa *para alejar la seriedad de un hombre.* Cada vez que Dora presentía que David Copperfield estaba a punto de ser demasiado serio con ella, Dora acercaba la nariz de su perro con la de David y decía, "¡Boh!" para "alejar su seriedad."

En El Pequeño Ministro[11], la heroína, Babbie, sabía del arte encantador de ser traviesa con los hombres. El pequeño ministro a veces era serio, y ya que Babbie tenía algunas actitudes que lo provocaban, y que ella pensó necesitaban mejorar, a veces él la regañaba seriamente. Pero ella sabía cómo cambiar de tema, ya que de forma traviesa lo hacía "apoyar su espalda con la de ella para ver quién era más alto." Esto lo fascinaba tanto que no podía proceder corrigiéndola.

La alegría traviesa es una forma de responder cuando un hombre es enojón, crítico, o desagradable.

---

[11] The Little Minister

Si es severo, puede que la mujer se frustre y tenga que expresarse con picardía o agallas infantiles. Pero si es algo leve, que normalmente se acompaña con un día duro para él, es más fácil aliviar su actitud desagradable con alegría traviesa. No queremos que nuestra vida se vuelva melancólica innecesariamente. La vida debería ser fácil y divertida cuando sea posible, y depende de la mujer el que se haga así.

Observa que Dora y Babbie fueron traviesas al cambiar el tema. De esta forma, alejaron la seriedad o el enojo del hombre. Si un hombre tiene algo importante de naturaleza seria que decir, lo mejor es dejarlo proceder, pero si detectas una actitud seria innecesaria, puedes romper el hechizo melancólico con la alegría traviesa.

Sin embargo, la alegría traviesa en las mujeres no significa el jugar bromas. Esta característica es un aspecto inmaduro de la niñez. No va con las mujeres y es extremadamente no femenino.

Ser directa

Quizás uno de los mejores métodos de demostrar un comportamiento infantil es el ser directa. De nuevo lo copiamos de las niñitas, y no de los adultos sin límites. No quiero implicar que tengamos una "boca desenfrenada" o que hablemos con demasiada honestidad, sin considerar los sentimientos de los demás—una falla notable en muchos adultos. El comportamiento infantil al que me refiero es el ser directa en la conversación en lugar de ser evasiva.

Por ejemplo, si le preguntas a una niña si le gustaría visitar al Sr. Gruñón contigo, ella te dirá, "No quiero." No pensará en excusas, ni pedirá aplazarlo, etc. Ella es honesta y directa. Este es el tipo de respuesta que un hombre aprecia en su mujer.

Si tu esposo está comprando muebles contigo y sugiere que compren algo que realmente no te gusta, no es necesario dar explicaciones. Se honesta y directa, y di, "Cariño, no quiero que sea lo que quiero." Este comentario no sólo relajará la situación, sino será apreciado y es menos probable que insultes su gusto que si elaboraras detalladamente todo lo que no te gusta. Muchos hombres quieren complacer a sus esposas—quieren que tengan las cosas que les gusta, y apreciarán las expresiones directas de lo que deseas.

Apariencia infantil

La cuarta y última cualidad de ser infantil es la apariencia. Con esto me refiero específicamente a tu ropa, y hasta cierto punto a tu aseo.

Es importante evitar una apariencia de matrona en todo momento. ¿Qué es la apariencia de matrona? Nuestras costumbres las han definido, y las puedes detectar fácilmente si observas la ropa que las mujeres mayores tienden a usar. Las mujeres mayores regularmente usan zapatos de tacón ancho o de servicio.

Aunque esto sea algunas veces necesario, quizás incluso ellas puedan incluir algunos estilos juveniles cuando van a estar sentadas durante la noche. Los peinados de matrona son aquellos que no están de moda. Las mujeres jóvenes siempre estarán al día con los peinados populares. Las mujeres viejas tienden a estar fuera de moda en cuanto a los peinados, y por lo tanto parece que han perdido su juventud.

Sin importar tu edad, no pierdas tu juventud al vestirse o arreglarte como matrona. Conozco a mujeres de setenta años que aún se visten tan jóvenes como una mujer en sus treintas o cuarenta, y por esto logran una apariencia juvenil. La apariencia juvenil también tiene un efecto psicológico en la mujer donde ella realmente se siente joven.

Para lograr la apariencia más juvenil cuando te vistes, visita una tienda para niñas y estudia sus prendas. Observarás, por ejemplo, faldas abombadas, o faldas lisas con volantes abajo. O habrá suéteres, faldas plisadas, horquillas de muñeca y muchas enaguas y payasitos. Los vestidos estarán decorados con líneas en zig-zag, flores, botones y moños, o serpentinas largas colgando de la espalda. Verás cuellos blancos, listones de terciopelo negro, colores brillantes y vívidos, y contrastes fuertes con alguna sugerencia ocasional humorística. Verás cuadros brillantes y rayas, pero también verás telas finas y delicadas decoradas con satín y encaje. Los sombreros serán delicados y acompañados de flores y listones, o habrá sombreros marineros con listones colgándo por detrás. Todas sus prendas son bonitas.

Otro lugar para encontrar prendas infantiles es en la sección de niños en los libros de diseños. Muchos de estos estilos se replican en tamaños de mujer. Tendrás muchas ideas para las versiones de adulto de estas prendas si estudias lo que las niñas usan.

Si consideras que es ridículo que una mujer adulta intente usar ropa inspirada por la ropa de los niños, pruébalas dentro de casa y deja que tu marido sea quien juzgue.

Aunque los tacones sean femeninos, no se ven como de niña. Por lo tanto, sólo para variarle, incluye algunos zapatos infantiles a tu guardarropa, como flats negros que o se ven como zapatillas de ballet, o tienen un listón a lo largo del empeine, o cualquier otro estilo inspirado en los zapatos de las niñas. Lo típico es el zapato plano como de muñeca.

Los peinados más juveniles, como he mencionado son normalmente los que estén de moda. Para estar en casa, puedes usar un peinado extremo de niña, si es que te ves bien con él—como el cabello suelto, colitas, etc. Incluso puedes intentar las trenzas que vayan con tu rostro, y si tu cabello es lo suficientemente largo. Los listones y las flores añaden juventud a los peinados, así como los pasadores y las diademas.

Al dejar la cualidad encantadora de ser infantil, recuerda que no hace mucho fuiste una niña, y todas estas cosas eran naturales para ti. Puedes re-adquirir este comportamiento, estas emociones y apariencia, y hacerlas parte de ti. No sólo será encantador, pero será una forma de comunicarte con tu hombre. El ser infantil hará que un hombre se sienta más grande, más viril, y más como el macho superior. Es este sentimiento lo que hace que la cualidad de ser infantil en las mujeres sea tan encantador para los hombres.

Recuerda, si quieres ser amada y tratada como una mujer, debes hacerlo sentir como un hombre.

Ser infantil

Ser infantil no se debe confundir con ser inmaduro, lo cual es una cualidad negativa. Ser inmaduro sería demostrar los defectos de los niños, mientras que ser infantil demuestra sus virtudes.

Una mujer inmadura se verá egoísta. Culpará a otros por las circunstancias, hará berrinches cuando no obtenga lo que quiere, y esperará cosas irracionales de sus asociados.

Cuando éramos niños sentíamos que nuestros padres podían hacer lo que fuera, porque eran nuestros padres. Sin embargo, proyectar este pensamiento poco realista hacia la vida adulta sería esperar mucho de nuestros asociados. No es una confianza infantil, sino una inmadura. La inmadurez no es atractiva, y podría ser ofensiva.

Resumen

Ya tienes la imagen completa del ideal de una mujer para un hombre. Habrá otras cualidades que fascinen a los hombres, pero estas son las más importantes. Estas son las cualidades que son esenciales para despertar su amor celestial hacia ti.

Capítulo 20

El cambio

No tienes que ser todas estas cosas al mismo tiempo. De hecho, el cambio es encantador en una mujer. El hombre no quiere a una mujer que siempre sea la misma. Un día deberías ser radiante y alegre, otro gentil y femenina, y en otro pícara. A veces tienes que ser seria, sobretodo cuando seas amablemente comprensiva, pero otras veces puedes tener la vivacidad y alegría traviesa de un niño, y en ocasiones tener un aire de languidez fascinante, o la cualidad gatuna o arrulladora que mencionamos en el capítulo XIV.

Y si un hombre es gruñón, intenta la respuesta femenina descrita en el cuento "El bigote del tigre." Si está enojado después de un día difícil, intenta la alegría traviesa. Pero si lleva los asuntos muy lejos y te maltrata, y sientes que te está pisoteando o tratando injustamente, entonces responde con la picardía infantil. Cualquiera de estos métodos cansarían al hombre si se usan constantemente. Él necesita de un cambio, y tú te vuelves una mujer más interesante y fascinante si cambias y eres impredecible, como el autor Charles Reade comenta, "A las mujeres les gusta ser tímidas y tiernas, pícaras y gentiles por turnos."

Mientras te esfuerzas por ser fascinante, no descuides tu lado angelical, ya que es igual de esencial para ganarte el amor entero de un hombre. Tu carácter admirable, tu habilidad de ser una diosa doméstica, y tu comprensión a fondo de él y sus problemas se balancean con tu lado humano, y te hacen ideal.

Quizás no hay otra cualidad tan esencial como aceptar a un hombre tal como es. Hay otras en las que no siempre serán habilidosa, y puede que aún te ame con ternura, pero si no lo aceptas no llegarás a ser fascinante. No puedes dejar a un lado este ingrediente esencial para amar. Todo lo demás fallará sin esto.

A lo que renunciamos

Deberías renunciar a cambiar un hombre, y dale su libertad para ser él mismo. No puedes reformar a un hombre. Y si te maltrata, sólo deberías desahogar tus sentimientos a través de la picardía. No deberías robar el derecho de liderazgo que un hombre tiene, o su derecho a ser un padre para sus hijos. La mujer ideal es la que honra a su esposo, aunque a veces vaya en contra de sus propios sentimientos o deseos.

Puede parecer que estamos dando mucho, y no siempre parece ser justo. Pero al dar de estar forma, honrar y reverenciar a un hombre es que una mujer gana un poder extraño sobre los hombres. Es el poder de la mujer fascinante. Es cuando parece que pierdes tu libertad que la ganas. Es al renunciar a lo que parecen ser derechos que los obtienes.

El poder de la mujer fascinante es tanto que cuando lo obtienes, casi te preguntas si puedes confiar en que tendrás cuidado al usarlo. Pero si intentas usarlo injustamente o deshonradamente, lo perderás.

Entonces, ¿a qué renunciamos? ¡A nada esencial! Y todo lo que perdemos se nos compensa en abundancia. Cuando aventamos nuestro pan a las aguas, vuelve a nosotros con mantequilla. Sólo renunciamos a decepciones, dolores del corazón, trabajo duro, frustraciones y desalientos. Y, ¿qué ganamos? Ganamos el amor celestial. Disfrutamos de las flores en lugar de las hierbas malas.

Cuando aplicas esta filosofía y te conviertes en la mujer que un hombre quiere, te conviertes en una persona feliz y equilibrada. Y esto es lo que la naturaleza quiere que seas. ¡Esta es tu gloria!

Punto de vista

Las mujeres pueden mejorar o empeorar un matrimonio. No es que tengamos tanta culpa que tenemos mucho poder para mejorarlo. Esto nos fuerza a pensar, "No es solamente con quién te casas, sino quién eres." Cono todo el estrés que conlleva elegir a nuestra pareja correcta, la gente ignora cuánto contribuimos las mujeres a esa elección y al matrimonio exitoso, y cuántas dificultades podemos superar si sabemos cómo.

Desafortunadamente, muchas mujeres no saben cómo lograr un matrimonio exitoso y tienen la falsa idea de que si son honestas, amables, buenas, y son buenas amas de casa y madres serán buenas esposas. Como podemos ver, esto no es necesariamente cierto. Conozco a muchas mujeres que cumplen con estos requisitos y son malas esposas. Sus maridos son infelices, no las aman ni las aprecian, y como resultado estas mujeres son infelices.

Como he mencionado, hay mujeres que cometen el error de esforzarse demasiado para ser lo que ellas consideran que es una buena esposa. Son demasiado serviciales, demasiado dispuestas a complacer y sus esposos no aprecian su esfuerzo. Si pensaran más en ellas mismas y tuvieran algo de dignidad humana, serían mejores esposas.

La meta central

La piedra central en la felicidad dentro del matrimonio para una mujer es ser amada, y ella puede despertar este amor al aplicar ciertos principios de la verdad.

Los principios más básicos que debes aplicar para ganarte el amor de un hombre, es el hacerlo sentir como un hombre. Logras esto al admirar sus cualidades masculinas, al hacerlo sentir validado en su papel como hombre, al cumplir con tu rol como mujer, madre de sus hijos y ama de casa, y al adquirir ciertas cualidades como la feminidad, dependencia, y ser infantil—cualidades que lo harán sentir viril en contraste.

Esta consciencia de su masculinidad es lo que despierta el amor para ti dentro de su corazón. Te conviertes en la única mujer dentro del mundo—la mujer más perfecta, más hermosa y la más ideal en existencia, sin importar tu edad o belleza.

Si aprendes el arte de hacer sentir a un hombre como hombre, aprenderás el arte de la mujer fascinante, y te ganarás su amor profundo.

También es importante recordar la necesidad más básica dentro del matrimonio—el ser admirado por su compañera. Por lo tanto, si le otorgas aquello que significa más para él—admiración por sus cualidades, logros e ideales masculinos—será más probable que te recompense al otorgarte su amor.

Ayuda en la aplicación

Te he dado la filosofía de vida de una mujer. Puede que se sienta como una avalancha viniendo hacia ti. ¿Cómo puedes absorberlo todo, recordarlo, organizarlo y aplicarlo en tu vida?

Una manera efectiva es haciendo una tabla similar a la que he incluido para que visualices lo que deberías ser a primera vista. Manténla en un lugar secreto. Luego, elige una cualidad a la vez, estúdiala a fondo y aplícala durante la siguiente semana. Nota cómo reacciona tu esposo durante este tiempo.

Será interesante notar qué tan diferente reacciona cuando te concentras en una cualidad específica que cuando aplicas una diferente. Esto eso es porque despiertas en él un sentimiento en particular. Algunas cosas lo entretendrán, otras le fascinarán, y otras le despertarán un sentimiento de apreciación profunda, y otras veces incluso sentirá adoración.

Cuando hayas terminado el material, intenta visualizar la imagen completa de lo que estás intentado lograr, utilizando la tabla como referencia. Hay algunas ideas que querrás discutir con tu esposo, como "su papel y tu papel secundario." No s necesario discutir los principios de la mujer fascinante con tu esposo. Será mucho más divertido sorprenderlo con tu nuevo encanto y habilidad de comprender, admirar y apreciarlo.

Puedes esperar recompensas inmediatamente. Probablemente ni las creerás. Pero no te desalientas si das un paso hacia atrás y cometes errores continuamente. Normalmente toma aproximadamente un año el formar hábitos duraderos. Pero una vez que le eches un vistazo al paraíso de la mujer fascinante, jamás volverás a conformarte con las hierbas malas. Puede que por un tiempo te sientas a horcajadas entre los dos—sin poder alcanzar metas altas, pero sin estar contenta con los días infelices del pasado. Pero eventualmente avanzarás hacia las metas altas para jamás volver a comer las migajas.

También debes entender que una vez que el hombre te vea como una mujer fascinante, no estará conforme con la vieja tú. *Una vez que haya probado la dulzura – no estará contento con lo amargo.* Aunque esto te parezca problemático, realmente es un incentivo extra para que mejores, y más que estorbarte te ayudará. Y te hará darte cuenta de que una vez que estés encaminada hacia la mujer fascinante, ya no habrá vuelta atrás.

Quizás la mejor motivación sobre vivir como la mujer fascinante es escuchando las historias de éxito de otras mujeres. He dado muchas a través del libro, y muchas más han sido escritas y contadas. A continuación hay algunas más para recordar:

Historia de éxito

"Estuve al frente de la batalla del matrimonio por doce años. Peleé día a día por lo que quería en mi relación y me estaba afectando. Tenía fatiga por la pelea, conmoción por los golpes, tensión nerviosa, y estaba amargada y resentida, ya que no tuve ni una sola victoria. Estaba perdiendo poco a poco. Sentía que yo era la que aguantaba la preocupación, el coto y las responsabilidades de esta guerra mientras nuestros hijos eran los inocentes que sufrían. Después de doce años sentía que no podía continuar más, y fue ahí que me invitaron a una clase sobre *La mujer fascinante.*

"Ahora renuncio a la guerra por la paz; no hay más tensión ni cansancio; estoy feliz y segura. Puedo volver a mis responsabilidades domésticas con alegría en mi corazón porque me deshice de las que no me correspondían. Practicar ser la mujer fascinante me ha dado más victorias en cuatro meses de las que tuve en doce años, y ni siquiera tuve que pelear por ellas. Se me ofrecieron sin tener que pedirlas. Me siento amada y querida, y eso es algo hermoso. Incluso mi apariencia ha cambiado: my rostro tiene un nuevo resplandor, mis ojos un nuevo brillo, y una alegría verdadera irradia desde mi interior. Mis amigos me halagan por lo bonita que me veo.

"Antes, él estaba haciendo planes para construir—no en nuestra casa, sino en el garaje—un departamento de soltero donde escapar. Los planes incluían una chimenea, puertas deslizantes de vidrio con una vista hermosa, un jacuzzi, una mesa de billar, un bar, T.V a color, etc. Tras aprender sobre la mujer fascinante, ahora él está haciendo planes para remodelar nuestra casa, incluyendo un cuarto familiar enorme con una chimenea, una nueva recámara para nosotros—él ha estado durmiendo en el sofá por seis años—y un cuarto de servicio para mí con lavadora, secadora, y un nuevo lugar para coser y planchar."

Historia de éxito

"Me alegra decir que *La mujer fascinante* tuvo tanto éxito para mi que, debido a esto y a mis oraciones, mi marido se bautizó en nuestra iglesia la semana pasada. Atestigüé a mi marido convertirse de un agnóstico confinado en un caparazón duro a un cristiano cálido y altruista. Seis meses antes él era un cínico insensible.

Logré atraerlo a odiar la iglesia a través de mi complejo de superioridad. Ahora sé cómo encontrar lo bueno en él, y hay una bondad que nunca logré ver.

Ahora se pone de rodillas junto a mí al rezar cada noche, con mis manos estrechadas con las de él. ¿Hay algo más cercano al paraíso que esto? Nuestros hijos son felices ahora, y nuestro hogar es un lugar de alegría."

Historia de éxito

"Debo decirte que mi esposo de cinco años—a quién amo muchísimo—y yo estuvimos separados durante el tiempo que me presentaron a *La mujer fascinante*. Tras leer y analizar la situación, me tomó exactamente cuatro meses para recuperarlo."

Historia de éxito

"¡Estoy tan feliz! Tuve *La mujer fascinante* por casi un año y apenas puedo recordad qué tan miserables solíamos ser. La semana pasada mi marido mandó a poner una alfombra en la casa, y ahorró todo el dinero y lo pagó en efectivo. Estoy tan orgullosa de él porque por años él sólo gastaba dinero a su gusto, la mayoría en alcohol, y bueno, realmente no sé a dónde se iba, pero ahora está tan interesado en nuestro hogar y en mejorar todo para mí. Esta noche está sentado con nuestra perrita que se convertirá en madre en cualquier momento. Me alegra ver su amor y preocupación por un animal. ¡Y es un gran alivio saber dónde está por las noches!"

Historia de éxito

"Desde que aprendí *La mujer fascinante* he estado cantando alrededor de la casa de nuevo. Ha vuelto a mí automáticamente. Supongo que es contagioso porque mi esposo intentó cantar con el radio hace unos días y nunca lo escuché hacer eso antes. ¡Ni siquiera sabe cantar!"

Historia de éxito

"Estuve casada por doce años mayormente infelices. Tenía el esposo más extraño en toda la tierra de los casados. Hacía las cosas más terribles y tenía los hábitos más extraños que alguien pudiera imaginar. Nadie sabía cómo lo soportaba, ¡e incluso su madre sugirió que lo dejara! Luego, durante un día oscuro, cuando sentí que ya no podía más, mi hermana me invitó a una clase sobre *La mujer fascinante*. Poco a poco me di cuenta de que su comportamiento peculiar era sólo una reacción a la forma terrible en que lo estaba tratando. Regresé a casa y le dije que finalmente estaba consciente de mis errores en todos estos años. Le dije que quería cambiar y ser una esposa de verdad para él. Desde ese día, cuando empecé a aceptarlo por como es y descubrí algo que admirar en él, se convirtió en humano de nuevo. Mi suegra vio el cambio en él inmediatamente. Ella estaba segura de que usé algún tipo de magia sobre él."

Angela Humana

La mujer ideal desde el punto de vista masculino

Cualidades Angelicales

1. **Entiende a los hombres**
   a. Aceptación
   b. Admiración
   c. Orgullo sensible
   d. Amabilidad comprensiva
   e. Desea la superioridad en el papel de él
   f. Lo hace su prioridad máxima
2. **Tiene felicidad interna profunda**
   a. Resultado del carácter
   b. Resultado de la diosa doméstica
   c. Se acepta a si misma
   d. Habilidad de apreciar la vida
3. **Tiene un carácter adorable**
   a. Dominio de si misma
   b. Altruismo
   c. Benevolencia
   d. Valor moral
   e. Paciencia
   f. Castidad
   g. Honestidad
   h. Humildad
   i. Dignidad en si misma
   j. Cualidad gentil y tierna
4. **Es una diosa doméstica**
   a. Buena ama de casa
   b. Buena madre
   c. Feliz en su papel

Cualidades Humanas

1. **Feminidad**
   a. En apariencia
   b. En comportamiento
   c. Dependencia femenina en acciones y actitudes hacia los hombres
2. **Irradia felicidad**
   a. Alegre
   b. Derrocha alegría
   c. Su presencia ilumina el hogar
3. **Apariencia y comportamiento puro**
   a. Tiene buena salud
   b. Se ve pura en su
      1. Limpieza
      2. Aseo
      3. Vestimenta
4. **Es in-fan-til**
   a. Emociones infantiles
      1. Emociones infelices
      2. Emoción de ternura
      3. Emociones cambiantes
      4. Alegría
   b. Pide cosas
   c. Comportamiento infantil
   d. Vestimenta infantil

Unidos, él ama

Ambos son esenciales para su amor celestial

Lo angelical despierta un sentimiento de adoración en él. Le otorga paz y felicidad.

Lo humano le fascina, cautiva, entretiene, encanta, y despierta un deseo de proteger y resguardar.

La relación entre lo angelical y lo humano

Es interesante observar que las cuatro cualidades en el lado angelical de la mujer corresponden directamente con las cuatro cualidades humanas. Por ejemplo:

Angelical

1. Comprender a los hombres tiene que ver con comprender la masculinidad.
2. La felicidad interna profunda es la felicidad espiritual.
3. El carácter es la salud del espíritu.
4. La diosa doméstica es el papel de la mujer madura.

Humana

1. La feminidad corresponde con el estudio de la masculinidad.
2. La felicidad radiante es una demostración externa de la felicidad.
3. La pureza es resultado de la salud del cuerpo.

4. Ella balancea su madurez al retener algunas de las cualidades inocentes y encantadoras de una niña.

Las cualidades angelicales son espirituales y tienen que ver con lo que una mujer es. Las cualidades humanas tienen que ver con lo que una mujer siente y hace. Lo humano se relaciona con la apariencia, comportamiento, y acciones de la mujer, y son influenciadas por su actitud en general hacia los hombres y hacia ella misma.

No hay función más importante en este mundo que la de ser encantador—de derrochar alegría—de alumbrar los días oscuros. ¿Qué no es esto rendir un servicio?

—Victor Hugo

Sobre la autora

Helen Andelin tuvo ocho hijos y un matrimonio feliz cuando empezó a enseñar el programa de enriquecimiento del matrimonio a sus treinta. Dedicó el resto de su larga vida a ayudar a las mujeres a aprovechar sus vidas y relaciones. *La mujer fascinante* se convirtió en un best seller internacional. Junto con otros libros que escribió después, Helen Andelin creó un movimiento global que ha ayudado a cientos de miles de relaciones alrededor del mundo.

Helen Berry Andelin nació en Mesa, Arizona en 1920. Sus padres fueron May, y el dentista Herbert Berry. Creció en un hogar feliz donde la educación era importante; Helen estudió Economía del Hogar en la universidad. "Aunque eran tiempos difíciles, trabajando en una tienda de malteadas, ganando diez centavos la hora, cosiendo cortinas y planchando sábanas para el motel de mis padres, la depresión fue una época donde la gente trabajaba en conjunto y apreciaba las cosas simples," menciona la autora.

Helen comenzó su matrimonio amoroso con Aubrey Andelin in 1942. Primero vivieron en Los Angeles donde Aubrey atendía la escuela dental en la Universidad de California del Sur, y posteriormente hizo su servicio en la Fuerza Aérea. Helen escribió *La mujer fascinante* mientras cuidaba de cinco hijos y cuatro hijas y enseñaba clases matrimoniales. Sus clases eran *presenciales únicamente*. Su primera versión de *La mujer fascinante* fue impresa en una compañía local de anuarios de preparatoria en 1963. En 1974, después de vender más de 400,000 copias en su garaje, y junto con 700 profesores certificados, Helen firmó un contrato con una editorial grande en Nueva York. Hasta la fecha, su libro ha vendido alrededor de 5 millones de copias alrededor del mundo.

Helen murió en el 2009, dejando su trabajo y legado a sus hijas, y encargando a la mayor, Dixie Andelin Forsyth, con la tarea de actualizar *La mujer fascinante*, y de escribir una secuela llamada *La mujer fascinante para la mujer eterna.*

Sobre la editora

Dixie Andelin Forsyth es la mayor de las cuatro hijas de Helen Andelin, y una de las protegidas de su madre durante la parte más alta del movimiento de *La mujer fascinante.* La intención de Helen Andelin era escribir un segundo libro para *La mujer fascinante*: una actualización para reflejar los cambios en la cultura moderna. Helen le encargó esta tarea a Dixie antes de morir. Ella fue criada con las enseñanzas de *La mujer fascinante* bajo la guía y tutela personal de la autora desde una edad temprana.

En su vida privada, ella se encuentra felizmente casada y es la madre de siete hijos, una artista exitosa, y ama de casa. Dixie es la autora de la secuela *La mujer fascinante para la mujer eterna,* la cual se imprimirá en el 2017.

Dixie es la presidenta actual de *La mujer fascinante.* Puedes encontrarla en la página web fascinatingwomanhood.com, y en Facebook como @therealfascinatingwomanhood.

Made in the USA
Monee, IL
01 September 2026

61957937R00184